全国小学生校园美文精品集萃丛书

七色阳光
小少年

陌上花开香如故

《语文报》编写组 编

时代文艺出版社

图书在版编目（CIP）数据

陌上花开香如故／《语文报》编写组编 . —长春：时代文艺出版社，2018.8（2023.6重印）
（"七色阳光小少年"全国小学生校园美文精品集萃丛书）

ISBN 978-7-5387-5948-8

Ⅰ . ①陌… Ⅱ . ①语… Ⅲ . ①作文－小学－选集 Ⅳ . ①H194.4

中国版本图书馆CIP数据核字（2018）第152167号

出品人　陈　琛

产品总监　郭力家

责任编辑　李荣峉

装帧设计　孙　利

排版制作　隋淑凤

陌上花开香如故

《语文报》编写组　编

出版发行／时代文艺出版社

地址／长春市福祉大路5788号　龙腾国际大厦A座15层　邮编／130118

总编办／0431-81629751　发行部／0431-81629758

官方微博／weibo.com／tlapress

印刷／北京一鑫印务有限责任公司

开本／700mm×980mm　1／16　字数／153千字　印张／11

版次／2018年8月第1版　印次／2023年6月第5次印刷　定价／34.80元

编　委　会

主　　编：刘应伦

编　　委：刘应伦　赵　静　李音霞

　　　　　郭　斐　刘瑞霞　王素红

　　　　　金星闪　周　起　华晓隽

　　　　　何发祥　朱晓东　陈　颖

　　　　　段岩霞　刘学强

本册主编：俞　萍　李娜

目 录

美好的童年梦想

用你的童心来教我

风吹过的风景

走过那个拐角

生命的颜色

月亮离我有多远

美好的童年梦想

　　小草的梦想是染绿大地，花儿的梦想是装扮大地，雄鹰的梦想是翱翔天空，大地的梦想是养育万物，我的梦想是当一位优秀的老师。

美好的童年梦想

刘　羽

　　小草的梦想是染绿大地，花儿的梦想是装扮大地，雄鹰的梦想是翱翔天空，大地的梦想是养育万物，我的梦想是当一位优秀的老师。谁都有梦想，谁都不能缺少梦想。在小时候，我也有许多天真无邪的梦想。如：吃最美味的冰激凌，玩最好的玩具……而这些，都是微不足道的小梦想，根本就不值一提。的确幼小的我，天真无邪，有着一颗善良的童心，幸福与快乐是一曲不变的乐章。

　　我的梦想是当一位老师，因为我觉得把自己一生所学的全部知识都教给学生们是一件无比快乐的事；我的梦想是当一名老师，因为当老师不仅可以教学生知识，还可以陪伴着孩子们快乐地成长；我的梦想是当一名老师，因为我觉得当一名老师是幸福的，当看到自己的学生离开学校，在各个岗位上展现自己的人生，当看见他们成功地建立起自己的事业的时候，都感觉无比的幸福，这种感觉就像看见自家的果园里，一颗颗的果树开花结果，"桃李满天下"这就是当老师的幸福，这也是我立志想当老师的原因。

　　当然，梦想不能只想不做，为了我的远大梦想——当一位优秀的老师，我要从现在做起，好好读书，天天向上，严格要求自己的学习，不松懈一丝；为了我的梦想，每一天的作业我都一定会认认真真、一丝不苟地完成，每一天上课我都会比以前更认真地倾听老师所讲的内容，把学到的内容深深地记到脑子里去；为了我的梦想，我一定会不断地提高自己的成绩，考上师范大学，实现我梦寐以求的梦想。

为了自己远大的梦想而奋斗吧！希望经过我不懈的努力下，我美好的梦想能够如愿以偿地实现！

藏在粽子里的故事

游立佳

端午节是中国古老的传统节日，始于中国的春秋战国时期，至今已有两千多年的历史。作为中国的传统节日之一，吃粽子更是端午节的重头大戏。翠绿色的粽叶包裹着白莹莹的糯米，只需将其放入锅中，稍煮片刻，一股清香便一丝丝、一缕缕地飘散，勾起了我肚子里的馋虫，也勾起了我对往事的回忆。

小时候，我总是对粽子里的花生、红豆有一股莫名的敌意，一旦看到粽子里包着花生、红豆，便会不厌其烦地用筷子将花生和红豆一个个挑掉。我的妈妈也几次劝我，可终究拿我的硬脾气无可奈何。

转眼间，端午节又到了，让我惊喜的是我最亲爱的外婆也来了。外婆还提了一个红色的袋子，看上去沉甸甸的，外婆提着它有些吃力。我的好奇心一下就被提了上来，连忙问外婆："这袋子里的是什么？""是满满一袋粽子啊！"外婆摸了摸我的头，笑着说："这可是专门给你包的呢！""真的吗？"我两眼放光，大喜过望，外婆哈哈大笑："当然是真的啦，难道还骗你不成？"

终于等到了吃饭时间，妈妈刚把外婆送来的粽子端上来，我便以迅雷不及掩耳之势拿回一个粽子，三两下剥掉了绿油油的粽叶，顿时芳香四溢。外婆的粽子里有香菇，有红枣，甚至还有一颗香喷喷的咸蛋黄，却再也不见了花生和红豆的踪影。那一次我吃得非常香，不仅仅是食物的美味，更多的是外婆藏在粽子里那浓浓的爱。

流 星 雨

范嘉欣

004

看流星雨这件事令我一生都忘不了，因为流星雨太美了。

那天晚上，有流星雨的出现。小姨带我出去散步，我首先是认识了一些星座：天秤座，白羊座，双鱼座，处女座。随后小姨给我讲了一个关于星座的有趣传说。我把目光转移到了西边，夏天的星座一目了然：有天琴座，双子座，水瓶座等。牛郎星和织女星之间有条天河，他们夫妻俩就在岸边互相遥望，这其中一定有一个美丽动人的爱情故事。

晚上十一点左右，天空中乌云密布，看不见一颗星星，连最亮的木星都看不到了。我焦急地等待着流星雨的到来，生怕它一闪而过或是不出现了，这样的话就太可惜了

凌晨三点时，天空中隐隐约约有那么几颗星星在闪动，像一群天

真活泼的孩子在天上眨着一双双明亮的眼镜。

　　到了四点钟，果然功夫不负有心人，流星雨终于让我给盼来了。一颗颗流星划过天空，像白色的风筝一样，像跑得飞快的孩子一样，跑着跑着就不见了，我东张西望，就是看不见一颗流星，难道流星雨结束了？突然，从天秤座腿部的地方射出了一颗流星，其他星座的流星也好像被带动了起来，流星雨又开始了，黑乎乎的天空顿时明亮起来，流星一条一条地闪过，好似一阵雨，终于让我见识到流星雨名字的由来了。伴随着这样的美景，我不禁哼起了一首歌，《流星雨》。多么美妙啊！

　　这真是一件让我难忘的事情，虽然我等了很久，但是能见到此番情景，也值得了。下次流星雨我肯定要再来，再许个愿望。

儿时的记忆

翁　昕

　　无论什么时候走在永安的大街小巷，都能闻见那淡淡的粿条香。

　　在我的家乡永安，粿条可以说是最常见的小吃了，不仅能当早饭吃，就连午饭、晚饭都能吃，再配上一碗鸭血，简直口水流成河。就是这么常见的一种小吃，在我儿时的记忆中，成了一抹美好。

　　儿时的我，被外公外婆带着，他们几乎都在家里吃饭，很少在外面吃，更别说是吃粿条了。所以，在放学后吃上一碗热气腾腾的粿条，对我来说，简直是奢望。那时的我，每天放学最期待的就是外婆能带我去吃粿条，当坐椅子上等着上粿条时，总是伸长脖子入往里望，盼望下一碗上的就是我的粿条，当一口白白的、软软的、滑滑的粿条顺着喉咙滑下时，我就会感到无比的幸福。

在粿条店里，忙着煮粿条的阿姨们总是不厌其烦地跟客人们聊着天，一间不大的店里总是充满了欢声笑语，有时还能听见几句地地道道的永安话，那方言我不了解，所以老是问外婆，他们说的是什么意思啊？外婆就会停下跟他们的对话，转回头笑眯眯地告诉我那些话的意思。听得多了，我自然也就记住了几句。

等外婆跟他们熟了之后，我便可以到厨房去"欣赏"做粿条的过程了，一根根细长白嫩嫩的粿条被分成好几瓣，像撒花一般落入煮沸的水中，欢快地在锅中嬉闹，煮好了就被分成几组，一组一个碗，不怕装不下，最后再上了调味料，撒上点儿葱花，上粿条啦！

虽然现在我能经常吃到粿条，但味道却大不如儿时，不知是它的味变了，还是我的感觉变了，似乎找不回儿时的美好了。

006

也许粿条的味道会变，但那份专属于我的记忆，永不会变，也许这只是一种寻常的小吃，但，它带给我的美好，永不忘却。

我心中的风筝

赵焌喆

一声崩断声响起，蓝风筝像断了翅的鸟儿斜斜地从空中坠落。人们在欢呼，在奔跑。哈桑冲上前，转头对阿米尔说："为你，千千万万遍……"

　　从书中回到现实还需要一些时间，合上书的我，咽了一口唾沫。书中的主人公阿米尔，其实终其一生都在追逐着风筝：追逐着他逝去的友谊，他不灭的亲情和他无尽的悔恨。幸运的是，他最终凭借自己的努力，追回了他那只追了二十六年的风筝，赎回了罪过。"也许每一个人心中都有一个风筝，无论它意味着什么，让我们勇敢地去追。"译后记里那句话又开始在我脑子里回荡。那么，我的那只风筝呢？它现在在哪儿？我又在哪儿？

　　印象最深的，是三年级那年，我拥有了要追的第一只风筝。那是在一堂美术课上，老师手捏着粉笔，在黑板上用透视法画下了第一个正方体。那个正方体在当时我的眼里是那么真实！我跃跃欲试，在本子上飞快地画了起来，却是一条条乱糟糟的线条和一大片一大片铅笔灰。这一次是我第一次对美术产生了兴趣，老师画的真实的正方体一直在我的脑海里浮现。"长大后我一定要当一个画家！"那天我暗下了决心。

　　第二天中午，我飞快地做完作业后，从书包里掏出了画本——那个被我视为宝贝的东西。像个画家似的放好铅笔，庄严地画起来。一笔，两笔，我像个打磨家在钻磨一个宝贵的钻石。终于，我画完了最后一笔。我满意地举起画，却越看越觉得死板，毫无一点儿线段的美感。我皱起眉头，直接把它撕了，又重新画了起来。这次，更认真，更仔细。可画出来的东西却更难看！一股怒气冲上心头，我把笔一丢，不画了！

　　现在想起这件事，有点儿可笑，也是可悲的。因为这意味着我在追逐我的第一只风筝——成为画家的路上仅仅迈出了两幅画的距离就不再管它，任它远去。在那之后，我又剪断了许许多多的"风筝"，却没有一只坚持追逐。读完了这本书，我明白了：追逐风筝不只是用身体，更要用心。

那么，现在，我转过身，看向了我的小提琴——那只我今天的风筝……

一件印象深刻的事

王怡敏

青春期，在这忽冷忽热满是春姑娘嗤笑的季节，突然张狂起来。努力想把他赶走，但无能为力，猛然间有些沮丧。

天气总是说变就变，昨儿还穿着短袖在空调房里乐呵，今天却是穿上了外套躲被窝里不愿出门。

门突然地被大力打开，惊得我差一点儿把手中的牛奶洒一地，视线从白花花的液体上挪到"凶手"身上，妈妈便高举着手机，兴冲冲地对我吼道："嘿！丫头！要去美术展吗？"

转眼间便起了极大的兴致，拿着手机兴奋地在车上唱起了歌——管它天气有多冷，管它妈妈有没有来，能去美术展怎样都没有问题！

爸爸驾着车行驶了约十分钟，便在一间大屋子前停下。我迫不及待地跳下车，左顾右盼，拽着刚停好车的爸爸的手，穿过一条又一条小道，向我心中的"信仰"飞奔而去。斜风卷起了落叶，如一只只黄色的纸蝴蝶跳着一曲又一曲圆舞曲，地上的小水坑被踩得哗哗作响，惹得路过的蚂蚁破口大骂躲了起来——我，却完全不知道接下来会发生什么比天气还冷的事……

爸爸正在与人争吵，风呼呼地刮着，似在逃避那声音的追赶。

展厅的门大开着，许多人正提着纪念品出来，脸上满是喜悦，而爸爸……我一向尊敬的爸爸，竟因为快结束了却还要买门票的事与门卫争执，声音是那样的大，涨得满脸通红，有一番"就算来硬的也要不买门票进去"的势头。

行人纷纷把目光放到这儿来，长达二十几分钟的争吵也随着凶悍的警察的到来而渐渐停止。爸爸仍有些不甘心。

我狠狠地瞪着爸爸，心里有种从未有过的后悔——我为什么要成为这种人的女儿？为什么要受这种苦？

风儿喧嚣着，树叶飞舞着，如同嘲讽我般，嘲讽我的命运，嘲讽我的不幸。

不知道我是以何等心态回到家的。冰封的心随着钥匙开锁的声音一齐破碎。顾不上穿拖鞋，将相机随手扔到地上冲进房间，扑到床上任眼泪弄湿床单。

恨意蔓延于心，如蔓藤，不给我一丝喘气的机会。有什么正在崩塌、正在破碎。

心如冰、如火，一半失望一半痛苦。爸爸那高大的形象如我逐渐破碎的心，多年来积攒的信仰，连砖带瓦，随着那斤斤计较、不顾面子的形象，掉落、瓦解、消散。

哭吧、哭吧，任凭眼泪溢满心脏，任凭心脏逐渐冰封。

眼睛就这样哭肿，心早已被冰得麻木，连同那该死的敬仰一起。

爸爸在我心中的形象，已如冰块，破碎。连续三天没有跟爸爸说话。

温暖被织得整整齐齐，铺在大地，连我那冷冰冰的心一起，似乎有融化的痕迹。

爸爸的眼里满是担忧与关心，但我并不想就这样原谅他——自尊心在捣鬼。

也许气已经消了，也许没消，但却突然有些后悔，不想承认，但我的心却是这样告诉我——原谅他。

心情随着天气说变就变。蹑手蹑脚走进卧室，对着爸爸落寞的身影，抿嘴犹豫，豁然决定——"爸爸，冷战游戏到此结束。"

有什么东西，随着冷冰冰的心、冷冰冰的事，开始缝合，闪烁着他原来的光芒。

第一次升旗

黄小宝

还记得那是我刚升入五年级的开学式，也是我的第一次升旗。

早晨七点半，当校门缓缓打开，我便飞也似的冲进教室，把书包往桌上一丢，跑向国旗台。正值九月，秋高气爽，万里无云。湛蓝的天空下朝阳播撒着纯净的晨光，给大地涂上了一层金粉。

捧着国旗，我连大气也不敢喘，只是静静地望着这高尚的、鲜红的国旗。风吹起旗角，我心中又多了一份敬意：这是曾鼓励了多少人奋勇抗争的国旗啊！这是多少鲜血染红的旗帜啊！那镶嵌在旗角的五颗金星，在阳光的照耀下仿佛闪烁起了光芒。

我把旗交给了四位护旗手。他们各执起国旗的一角，顷刻间国旗舒展开来，把周围人的脸庞映得通红。虽然为了减少失误，我已经排练过无数遍，但是这时，我仍然手心冒汗。

七点五十九分，《运动员进行曲》响起。

各班级陆续进场，不一会儿，操场上已是人山人海，在国旗台上的我看得一清二楚，感觉所有人的目光都聚焦在我身上，盯得我喘不过气来，我不禁有些微微发颤，全身冒汗，似乎是从水里捞出来的。

最后一个班级入场完毕，一切准备就绪，升旗曲响起。

四名护旗手迈着整齐的步伐向旗台走来。他们每走一步，我的心就跟着"咯噔"一下。恍惚间，旗已送至台前。

接旗、挂钩、抓住旗角，我准备好了。

庄严的国歌终于响起，那一刻，时间仿佛凝固了一般。我静静地想着老师教的每一个动作。说时迟，那时快，时间一到，我右脚跨出一步，手用力一甩，国旗迎风招展。一瞬间，我包袱全无，感到无比轻松。望着冉冉升起的国旗，我终于真正体会到紧张的含义，这是对一个人责任心的考验。顿时，心中涌现一股自豪感。是啊，为了国旗飘扬，再苦再累又算什么呢？

第一次去海边

郑祉璇

今年暑假我去了平潭的许多地方，其中最让我难以忘怀的就是海边了。因为我是第一次去海边所以我十分激动。

一到海滨度假村，映入眼帘的是一望无际、深蓝深蓝的大海。"哗、哗"一阵阵浪花打过来那声音如同风铃一般清脆爽朗；那白色的浪花和深蓝色的海水搭配在一起，看着我们的心里就十分舒畅；我还听到了海风轻轻地吹着优雅惬意的小调，我尝到了海风腥咸的味道，看到了海风把游人们的头发吹了起来……

我走在沙滩上感觉到脚下的沙子非常软，这真是大大超出了我的意料，它踩上去觉得就像踩在海绵上，软塌塌的，好像随时会陷下去一般。我走着走着发现自己走进了一个"百眼窟"——一个个小洞。我很好奇，于是就停下来观察里面会冒出什么东西来，很快我就看到了一个个"蟹将"很有秩序地排队走了出来，不一会儿又很有秩序地走进另一个洞里。接下来好像所有的小螃蟹们都收到了安全信号，成群结队的从洞里出来串门，但是就算那么多小螃蟹一起出来也打乱不了它们的交通秩序。

我走到了海里。海水冰凉冰凉的，使我打了一个激灵。渐渐地我适应了海水的温度，开始在里面半蹲着玩，丝毫没有防备那一层一层越来越大的浪。可就在这时一个较大的浪扑过来，我都快哭了，因为那浪扑得我嘴里鼻子里都咸透了。换个说法说就是嘴里喝了一口高浓度的盐水，而鼻子里则是灌满了盐巴，淹得我半天说不出来话，海水果然是咸的啊！那个感觉我现在都记忆犹新。不知道为什么，后来我好了伤疤忘了痛，又继续那样半蹲着玩。但不得不说那种感觉真是随心所欲、悠然自得。

我突然想抓花蛤。但是我抓了半天也没抓出什么像样的东西，抓出来的就只有海草和不知是哪位阁下扔的垃圾。我往旁边那个也在抓花蛤的哥哥那瞧了瞧，他倒是抓了好多超大个的花蛤，后来又把他们放生了。可我还是只抓到海草。

晚上退潮了，我在海滩散步。一出门就有一阵阵腥咸的海风迎面吹来，啊！夜晚好清爽！我闻到了海风的气味，感受到了海风的温度……散步回来之后我带着满怀的好心情睡着了。可此时海风还轻轻地在夜晚里旋转，呼啸。海里晶莹透亮的"蓝眼泪"还在一次又一次地被浪花冲到岸上，一切都是那么宁静那么安详。

我想去醉读

王逸斐

我想去醉读，醉在书籍汇成的海洋里。看那一行行颇具韵味的文字，感受那沁人心脾而淡雅的书香，那一页页米白色的纸片虽朴实无华却也具有独特味道……这一切都让我想去细细品味，我愿沉醉于书海……

愿醉在散文的文字中

我喜欢散文，喜欢它的文字不加装饰却富有情调。慢慢朗诵完《匆匆》，我轻轻合上双眼，一幅如梦如幻的画面立刻浮现在眼前：仿佛那是朱自清先生手捧诗书，坐于自家窗台前静谧阅读。忽然晚归的乌鸦发出几声昏沉无力的叫声打破了这原有的宁静，朱先生匆忙站起，仰望天边，夕阳早已亲吻着西山，才知时间流逝飞快。我睁开双眼，再望妈妈的鬓角已长出些许青丝白发；我又转身望望镜子，原镜中那天真幼稚的女孩儿已进入青春，举手投足间都焕发着成熟的气息……才知时光匆匆宛如白驹过隙。我也在散文里找到了真实的自己……

我想醉在散文的文字里。每当苦闷、烦躁时，读一篇《荷塘月色》，和作者一起去细细品味皎白的月光，静谧的夜晚，被荷花环绕的池塘……轻柔的晚风吹过带走了我内心的忧愁，而随之而来的是前所未有的宁静。我逐渐沉醉于这片宁静！

我想醉在散文的文字里，去追寻最真实的自己。

愿醉于诗词的风韵里

我想醉在诗词的风韵里，从每一句诗词中，都能进一步了解到诗人，细读"兴尽晚回舟，误入藕花深处。"我仿佛看见易安居士乘着小舟，在花丛中放飞自我，那样轻松，那样自由……仿佛这柔和的晚风，渐落的黄昏，都属于她，婉若嫣然花树，正处于盛放的韶华。再读"教郎比并看"，那一定是诗人在京城的集市上，从小贩那里拣出一朵晓露浸染，娇若彤霞的小花别于鬓间，便添几许旖旎情思……

然而前半生虽琴瑟在御，岁月静好，后半生却仍难逃颠沛流离，阅尽沧桑……丈夫去世，国土残破，膝下无子，金石文物皆已散尽，旧都汴京繁华不再，曾经闲居青州的美好时光已然如双溪的春光一去不复还。金兵大举南下，眼看大宋军队节节败退，却也无力回天，诗人因国事忧心忡忡，愤慨写下《夏日绝句》！全诗仅二十个字，但一句"不肯过江东"洒满了易天下之为安定与不愿偏安一隅的决心。女词人的爱国情怀仿佛瞬间喷涌而出。慢慢读完易安居士的诗，你会发现她是一位感情细腻的平凡女子，也是一位爱国心切的女中豪杰！我想要进一步了解她，每当醉于她的诗里，我总认为自己正倾听于她，已成为她的红颜知己。

我想沉醉在诗词的风韵里，去找寻另一位知己……

我想去醉读，我相信文字本身没有标签，我愿沉醉于每一个字，每一个词，每一句话的风韵、个性里……就让我醉于书海吧！

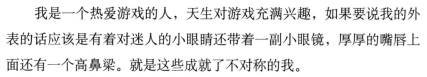

独一无二的我

陈垲旭

　　我是一个热爱游戏的人，天生对游戏充满兴趣，如果要说我的外表的话应该是有着对迷人的小眼睛还带着一副小眼镜，厚厚的嘴唇上面还有一个高鼻梁。就是这些成就了不对称的我。

　　我热爱游戏可以打到忘了时间，因此时常被骂。比如那天，我正休息，我向我妈借手机玩，原本答应的二十分钟，玩着玩着入迷了便忘了时间，一局接着一局，停也停不下来，都玩得老妈已经来到我身边我还不知道，只觉得手机正被人拿着，眼看着还没打完只能依依不舍地停下来，接着就是老妈的唠叨。

　　有时我还特别爱吃东西。记得早上起来的时候，我肚子饿，下了碗面津津有味地吃下去了，可还是觉得肚子空空的便跑下楼，来到小店铺径直走去，和阿姨聊了一会儿，出来时便拿着一大块鸡排和一大杯奶茶，那叫一个爽字。虽然如此可还只是半饱只好偷偷地把弟弟的香飘飘偷走迅速消灭，肚子才发出"笑声"。

　　其实我就是一个爱吃喝玩乐的人，有时追星，追星座，跟风，爱吃，爱玩。虽然有些不正经，可这就是我，一个无忧无虑，想玩就玩，但认真起来却很专注的我。

那 个 我

魏 微

看呐，窗前的那个女孩儿，握着笔，托着脑袋正安安静静地写着日记，那个女孩儿？是我啦！靠在床边，文文静静的女孩儿，目不转睛地看书，那个女孩儿？也是我啦！我啊，如同沙漠中的一粒沙，海洋里的一滴水，星星中的一颗。那就是我，平凡的我。

我啊，姓魏，名微。许多人写我的名字总会写错，真很奇怪，不过，我也无能为力。我的这个名字在他人眼中再平凡不过了，而我并不这样想。微，微笑嘛，正如其人，我是一个爱笑的女孩儿。我觉得，也许，我的父母是希望我做一个快活的，爱笑的人吧。看似平凡却不平凡，也许我的未来就是这样的，谁也说不准啊！

说起我的爱好，名列第一的就是琴。身边的人总会在我的耳边唠叨："学什么琴，对将来有什么用？现在你的第一任务就是学习，将来找个好工作。"学习，不完全是为了将来的工作，如若是这样学习还有什么意思呢？学琴也一样啊，在我认为，学琴不仅对将来有帮助，更可以陶冶一个人的情操。名列第二的便是阅读。还记得小时候，妈妈总是逼我读书，那时候的我，对书有一种不知名的厌恶。看着看着，没两分钟就流着口水，呼呼大睡了。现在回想起来，还真是忍俊不禁呢！现在的我，对书有了一种不知名的好感。一本书，没人打扰，我可以一口气全看完。现在睡前阅读，也早已成了习惯。

我呢，有一个最大的缺点，那就是胆小。发言时，总是像只安静的兔子，一声也不吭；明明对乞讨的老人心生怜悯，十分同情，明明手里握着五元钱，总迈不出那一步，放进他的碗里。正因为我胆小所以常常对自己生气。所以，我希望可以克服胆小，改正这个不该有的缺点。

也许，我活得并不是十分灿烂，与别人不一样。但凭什么要与别人活得相似。齐白石爷爷说过："学我者生，似我者死。"走不出别人的世界，哪有自己的一番天地。所以，我要做自己，亮出属于自己的王牌，追求自己的个性并向全世界呐喊："这才是我，做自己，最好！活自己的人生，精彩！"

我

高云可

我叫高云可，来自燕江小学。看到这个名字，许多人不禁会问，你为什么叫高云可？那就听我细细道来。

我出生的那一刻，妈妈抬头仰望蓝天，心中想着，希望我的女儿可以像白云一般纯洁，圣洁优雅，飘在空中无忧无虑。还有一个原因，那就是因为白色可以反射所有光。妈妈希望我能，学习他人身上的优良品质，将心中的坏习惯改正。一片蓝天，一片白云，一副风景，天天有一份好心情。这就是我名字的来源。

我的性格，不像其他大家闺秀一般，温婉优雅。一举一动都充满着书香味儿。我的身上总是散发着一股大自然的味道。我喜欢自由，喜欢住在山林中，不喜欢城市，不喜欢像囚笼一般的套房。我性格直爽，心直口快，说话不过脑。总是说出一些伤人的语言，但现在我大了，我懂了那些话该说，那些不适合说。用现在的话来说，我就是一个典型的"女汉子"。

我的爱好不多，就是喜欢画画，但我并没有去学过，只是在家自学。我画的画，常常令人难以捉摸，画个不对称的蝴蝶结，画朵正在哭泣的小花，画只没有尾巴的小猫……别人若问我画的是什么，我便大声地告诉他我画的是"艺术"！

这就是我，一小部分的我，如果想认识更多的我，就来与我做朋友吧！

妈妈的故事

赵俊辉

018

小时候的你可真贪吃呀，偷偷地把弟弟的那份给吃了，结果被妈妈罚站了一个小时。你却仍不悔改，第二次还是把弟弟的那份偷吃了……

一个贪吃的、快乐的你。

长大后的你，因为长得不好看，学习成绩不好，经常被同学们嘲笑。可你不怕嘲笑，默默坚持努力学习，终于在一次考试中，你超过了他们……

一个不低头的你。

大学毕业后，你很幸运地找到了爸爸，和他结婚了，开始有了我。听说你本可以选择剖腹产，把我从你肚子里轻松地拿出来。可是你没有，为了我能更健康，你硬是咬紧牙，攥紧手，用尽全身的力气颤抖地把我生了出来……

一个坚强的你。

生下我之后，换尿片，洗澡，哄我睡觉……一段时间下来，你已消瘦了许多。但你十分高兴，说："看，我养了一个多健康的小宝贝啊！"

一个全心全意的你。

待我长到会说话的时候，你开始给我读故事，买了好多书，每次都被我缠住讲故事，一遍，两遍，十遍！你不厌其烦地讲，不亦乐乎。为的是让我养成爱看书的习惯……

一个望子成龙的你。

我上了小学，每天你就更加忙碌了，一会儿教我语文，一会儿教我数学，一会儿又陪我拉小提琴。好不容易有一点儿休息的时间，又被我不会做的题目而打扰……

你为我牺牲了许多兴趣、爱好、时间。你为我付出了许多许多。现在，我想对你说："妈妈，让我来吧！"

019

妈妈，我想说爱您

郑　坤

在我的生命中有这样一个人，她给予了我生命，养育我、教导我、照顾我，却不求回报；这个人便是我的妈妈，她对我的恩情，我终生难忘。

妈妈，我想说爱您；是您给予了我生命，让我存活于这美好的世间。天上的云朵那么白，地上的小草那么绿，山上绿树成荫，河里群鱼戏水……如果没有您，我根本看不到这么美丽的景物，感受不到这个世界的美好。

妈妈，我想说爱您；是您一直照顾我、养育我，如今高大的我依然不会忘记：我是从一个幼小的婴儿长成的，这成长过程中自然少不了妈妈您对我的照顾。记得在我九岁那年，我们一家人回到爷爷家过年，我因高烧而卧床不起，这时爸爸又不在家，您便冒着大雨跑到镇上到处为我找医院，可是人们都回自己的家乡过年去了，这也不是城里。好不容易找到一家小诊所，您便飞快地赶来接我去看病，医生根据我的病情给我开了几盒药，第二天我病情便有了些好转，可是您却因此感冒了……

妈妈，我想说爱您；是您，教会我简单而又深刻的道理。记得有一次，我和您去公园散步，我看见公园入口有出租自行车，便向您嚷嚷着要骑，您说公园的路太陡，骑起车来十分费力，但我仍要骑，您同意了，给我租了一辆。我骑着自行车进入公园，骑了一会儿便没了力气，这时我看到道路旁有个自行车停靠站，停入自行车就可以退还租金；我刚想把自行车停进停靠站，便被您拦住了，要我骑到终点再退还自行车，您说，自己选择的路，就必须一直走下去，如果后悔了，从一开始选择时就应该慎重考虑。如今，这个道理我依然铭记于心，它使我认真地对待选择。

妈妈，我想说爱您；您对我的爱，我终生也不会忘记，您的这份爱也将伴随着我继续成长，"谁言寸草心，报得三春晖。"妈妈，我爱您！

这就是我

黄靖雨

  我叫黄靖雨，今年十三岁。这名字中的"靖"可能用在一个男孩子身上更合适，但是它在字典上意思是安静的意思。"雨"是因为我出生的季节是雨季。我的个子在同龄人里偏高应该是因为父母都挺高的原因吧。

  小学时，老师总讲"字如其人"，一个人的字写得好，这个人就很端正；字写得不好这个人就是个懒惰、邋遢的人。所以，妈妈对我的字迹方面总是抓得很严。虽然字迹因此写得不错，但是在写作业时却留下了"职业病"——身子总是不由自主地瘫在桌子上，头向左倾斜。就算妈妈频繁地纠正我，可就是没有改正。

  我喜欢看闲书，什么类型的都看。但是就不怎么看正经的书，改小学到现在不过十多本。闲书可以看个五六遍，并且内容也记得很牢，可是正经的书却没两个月就忘了个一干二净。

  我一到四年级都在学写字，后来就改学画画和围棋了，到现在就只有在学画画了。

  我喜欢买一些小玩意儿，因为每次玩没几次，就将它们抛之脑后。因此每次收拾书柜，打扫卫生时都在抱怨自己当初要是没买它们的话早就可以买一些书了。

我就是这样一个人，有缺点，爱看闲书，贪玩，偶尔会怨七怨八的一个人。

母　爱

陈筱雅

今天，是鸭妈妈生出这群憨态可掬的小鸭子们的第十天了！鸭妈妈心想：孩子也在慢慢长大，得带它们去时尚的温哥华街道长长见识，不能让其他的鸭子给小瞧了！

哇！太美了，"咦，好舒服呀！下次要再来。"小鸭子们不禁发出感叹，它们更崇拜妈妈了，竟然知道这么美丽的地方，鸭妈妈看到孩子们的"星星眼"得意极了！

其中最调皮的老六与好奇的老三，它们在路上看见一个黑洞，便移不开目光了，耐不住心中求知的欲望，走了上去把头伸进黑洞里望了望，一阵刺鼻的气味迎面而来薰得它们头晕乎乎的，脚一歪"扑通"一声掉进了黑洞里，重重地摔到了地上。

它们下意识地抱在一起，望着没有一缕光线的四周它们害怕极了，此时它们只想找到妈妈，它们大叫道："妈妈！妈妈！你在哪儿呀？我们好怕，呜呜呜……"

正在街道上欣赏风景的鸭妈妈忽然发现它的两个孩子不见了！鸭妈妈的心提了起来，它往回跑，此时它只想找到孩子，她被路上的石头绊倒了一次又一次但都忍着疼痛继续向前跑，终于她发现了老三和老六，她将手伸进下水道里试图将它的孩子拉上来可是够不着！鸭妈妈后悔了，它宁愿被所有鸭子嘲笑它也不想让孩子离开，现在它迫使自己冷静下来，这时一个巡警走了过来，看见没盖的下水道不禁皱了皱眉头，鸭妈妈一看急忙跑上前去用嘴巴紧紧咬着他的裤角用翅膀往黑洞里指，巡警奇怪极了，见这只鸭子老往下水道的方向指，难不成发生了什么事？他走到下水道看了看，哦！原来这只鸭子的孩子掉了进去呀！巡警从水道里把缩成一团的两只鸭子给捞了上来，小鸭子们一见到母亲便跑了过去，抱着妈妈的身体抖动着，显然受到了惊吓。

鸭妈妈悬着的心这才放了下来，鸭妈妈带着孩子们回了家，抱着这群可爱的小鸭子们入睡了。在月光的照耀下，一股伟大的母爱包围着它们，温暖着幼小的心灵。

感 恩 母 亲

陈琰钰

天下起了雨，我坐在窗边，看着朦胧的景色，发起呆……

突然，一对母女撞进了我的眼帘。两个人合撑着一把小伞，母亲把伞偏向女儿，女儿抱怨地说："哎呀，妈，我的衣服都淋湿了，伞遮过来些。"女儿的固执，换来的是母亲全身都湿了，但那位母亲毫无怨言地把伞偏向女儿。不只是这个母亲是这样的吧，天下的母亲都是这样的！只是微不足道的一件小事，可这些难道就体现不出最无私最真挚的母爱吗？

母爱如水，是透明的，是没有任何杂色的；水是淡淡的，就好像母亲那平凡甚至有些琐碎的爱；但，当我们去细细品尝时，就会发现水是甜的，是滋润的，就像那平凡而伟大的母爱。正因为母爱似水一样伴我们生活，因此，总是很难品味到它的甘甜。

母爱如熊熊的火焰，给予我们无限的温暖。

母爱如微弱的烛光，照亮我们生命的黎明。

母爱如隐身的神明，保佑我们一生的幸福。

母爱如旱地的清泉，滋润我们饥渴的身躯。

母爱如海岸的灯塔，指引我们前行的方向。

母爱像天空般无边无际，如大海般广阔无垠，沐浴着爱的阳光，洋溢着无言的亲情。因为有了母爱，我们才是快乐的，才是幸福的。

现在的我们长大了，没有了童年的幼稚，多了一分青春的成熟。开始学会感恩……我感恩我的母亲，是她指明了我漫长的人生道路；是她让我学会在艰难时奋进；是她教会了我做人的道理；是她给我创造了一个良好的生活环境；是她……

感恩是需要真诚的，是发自内心的，感恩是需要提升境界的，是来自博大的胸怀。我要在生活中的点滴小事上，用行动感恩母亲！母亲下班了，为她端杯水，捶捶背，煮饭给辛苦一天的妈妈吃……看似一些微不足道的事，都包含着我对母亲的感恩，母亲也会因此露出她那美丽欣慰的笑容。

母亲如同春雨，浇灌着我们这些含苞待放的花苞，让我们酿造纯美和芬芳。我们应该怀着一颗感恩的心去倾听母亲的唠叨，诚恳面对母亲的严厉，感悟母亲阳光般的心灵世界……

让我们从今天开始，从孝顺母亲开始，学会感恩吧！让我们记住天下母亲共同的生日，为母亲洗一次脚，为她捶一捶辛劳的脊背，给母亲一个暖暖的拥抱，一句温馨的祝福，一脸感恩的笑脸吧！

用你的童心来教我

    每个人的心灵深处，都很纯真，就像在天空飘的朵朵白云，那就是童年的记忆呀，纯洁的童心啊……回想起来，总有股味道，在我的心头弥漫开来。我又想起了我那个远在他乡的机灵鬼表妹"小星星"，她的童心真的很美好……

家有老爸

张语诺

在我儿时的记忆中，爸爸是一个平易近人、温和大方的人。在我小时候，他常牵着我的小手到公园里去玩，那时候的我还在蹒跚学步，走起路来摇摇摆摆的，他放心不下就会用两手臂架着我走，到四处游玩。在我成长的过程中，有爸爸的保护，从未害怕过。但现在我对他的印象和以前的大不相同，请听我慢慢讲述吧！

十足的"自恋狂"

出门在外，别人总以为他是个斯文的人，不怎么爱说话，主要是戴着一副眼镜，就像一个很有学问的人。但在家可不这样，有时他会在镜子前端详自己，总爱穿着西裤和皮鞋，在镜子前晃来晃去。当我问起他的年龄时，他总这么回答："你爸那可是十八岁的大帅哥！"我便会露出怀疑的神情，他就自信地反驳我："怎么了？不信？你爸年轻的时候有很多人追呢！"有时他也会把自己与电视上的人比较，问我哪个人更帅一点儿。

零食“偷窃者”

　　闲时在家，妈妈总会买上许多零食奖励我，妈妈对他说："只要你戒了烟，零食就对你开放。"但爸爸的烟瘾总是越来越大，所以零食总被我"守护"着，要知道，老爸可是个吃货。有一次，我去洗澡，他趁我不在客厅，把零食全都打开，坐在沙发上极其享受地吃着我珍藏的零食。当我出来时发现不对劲儿，于是喊道："大胆'小贼'，竟然吃我零食，还不快还给我！"于是他无奈地交了出来，尽管这样，他还是经常在我不注意时吃我的零食。

我的“取款机”

　　都说父爱如山，我的爸爸也是这样。爸爸的工资并不很高，还需要还房款，所剩下的钱寥寥无几，但他省吃俭用，把钱都留下来给我买书，也经常给我零花钱。当我没钱时，但又要买学习用品，我就会问他要一些，他给我很多时，我总会还给他一些，因为毕竟他没钱也是不行的。即便如此，他从未说过"不给"。

　　他的性格虽与十几年前的他大不相同，虽然在我眼中是"自恋狂"和"吃货"，但在我心里，他一直是省吃俭用、一心为我的老爸。

爸爸养我长大，我陪爸爸变老！

黄　易

在我的心目中，爸爸是一个伟大的人。他无论多么忙，也要抽出时间陪我玩儿；当我哭闹的时候，他就温柔地安慰我……他的那双手永远都是那样温暖，牵着我长大；他的背一直都是那么有力，背着我跨过一道又一道的坎……

刚出生时，我只愿爸爸抱着，他一坐下我就会哭闹。于是，爸爸整晚抱着我在家里徘徊，没有坐下过一次。现在想起来，心真是火辣辣的痛。

稍大了一些，我很怕黑，晚上依偎在爸爸旁边才能入睡。每当这时，他就轻轻地唱起催眠曲。"风不吹，树不摇，鸟儿也不叫……"他的声音低沉，又有些沙哑，但我听得是如痴如醉，脸上漾起了微笑。这是最美的音乐，是令人留恋的声音。

曾经的爸爸是体育健将，篮球、足球样样精通。而我一出生，他就毅然离开了球场，放弃了他最喜爱的运动，把所有时间都用在陪伴我成长上。就是小小的捉迷藏游戏，也陪我玩得不亦乐乎。现在我才明白，他是想让我快乐地过好每一天。有时我不小心摔跤了，他见着便马上跑来，一边向我受伤的地方吹气，一边轻轻地抚摸我、安慰我。在他的陪伴下，我感到很满足、幸福。

爸爸就是这样无微不至地精心照顾我。记得有一次半夜，我发起高烧，爸爸就拎了桶水，把毛巾浸湿，叠了两折，轻轻地放在我滚烫的额头上，反复了许多次。随后，他又用温开水冲了包药让我喝下。服完药，就感觉有股暖流在我心中涌动。第二天，我好多了。听妈妈讲，爸爸为了让我快点儿退烧，又是整晚没睡。

我在一天天长大，爸爸也在一天天变老，他原本乌黑的头发露出几缕银发，挺直的背也慢慢有些弯了。在他休息的时候，我总会为他捶捶背。其实，只要怀着一颗感恩的心，为爸爸做一件力所能及的事，哪怕倒一杯开水，帮他拿拖鞋，都会让他很开心。

爸爸，谢谢您！我长大了，要陪着您慢慢变老。

生命中，离不开亲情

聂恩明

"一回家就给我脸色看，你到底想干什么？"耳边，是爸爸的怒吼，我直直地盯着他，一言不发，而且，还是有意地瞪他。回到家，因为只说了两句抱怨的话，皱了皱眉，他就朝我怒吼，真够烦的。"你看看你，整天找事儿，什么日子能过得舒心，什么好东西又不少你的份！"爸爸又在啰唆个没完，什么东西都扯出来"清点"，我一扭头提起书包走进房间，把书包往凳子上一甩。心想：他会进来的，我就是要气他。

进房间没一会儿，他推门而入。我假装写作业，打算与他对峙到底。"写作业时头不要低下去！"我装作没听见，不理他。他咆哮道："你这是什么态度？"他很快地走近了我，拖鞋声"嗒嗒"的，极响。"拍！"他扬手打了我。粗大的手掌打在我的后背，很疼。但是，在他跟前我是不会低头的，我倔强地紧闭嘴唇，拿开他的手，斜着眼直瞪他。他也如同一只愤怒的狮子，喊道："你还有理了？！"我也突然间吼道："要你管！"话一出口，似乎有点儿后悔，但转瞬即逝。眼看着手臂又一次举起，踌躇间又垂下了。他转过身子，摇着头。拖鞋声又一次响起，他出去了。

晚上，他加班，很晚都没回来。一连几天，我都没见着他！没了爸爸的呵斥与唠叨。我浑身轻松，尽情地大喊。但是，这样的感觉没有想象中那么长久。

才两天，我便觉得难受极了，好像少了什么似的。放学后，经常是除了奶奶便是一屋子的空荡，再也看不到一屋子的美味了；晚上，数学上遇到了难题，没有人来耐心地帮助我了。我默默地坐在桌前写作业，头不自觉地地低下去。之前，我一趴在桌子上写作业，他总是轻声走进来，说："不要趴在桌子上写作业。"并且用手轻轻地摸着我的背，上下揉搓，仿佛要帮我把背挺起来，那时我总是不耐烦地把他的手拿开，现在想来，那种感觉，似乎很温暖。爸爸！我一定伤了你的心！我错了，您回来吧！

又是一天，我又饥肠辘辘地回到家，迎面而来一股香气，是爸爸，他面带严肃，嘴角又微微上扬，说："儿子，来吃饭。"这一餐，是我有史以来吃得最饱的一餐，爸爸不停地给我夹菜。好像什么也没有发生过。吃完饭后，我在写作业。突然，后背一阵温暖，爸爸进来了，他在用他宽大的手，抚摸着我的背……

用你的童心来教我

高烨倩

　　每个人的心灵深处，都很纯真，就像在天空飘的朵朵白云，那就是童年的记忆呀，纯洁的童心啊……回想起来，总有股味道，在我的心头弥漫开来。我又想起了我那个远在他乡的机灵鬼表妹"小星星"，她的童心真的很美好……

　　记得有一次，只有五岁的她来到了我家，那时的我正好迷上了《龟兔赛跑》这篇寓言，见她一来，便兴冲冲地读给她听。"表姐！为什么《龟兔赛跑》中的乌龟不去叫醒那只睡觉的兔子呢？"我翻着故事书，正好指到了那幅兔子睡觉的插图，表妹看了，很是不解。

　　"这个……"望着她那认真的表情，我为难，毕竟这也不是我写的。她看着我，眼眸里似乎荡漾着湖水，那水灵灵的大眼睛异常有神地盯着我。看来，她是一定要从我这里找出答案来了！我抱歉地冲她笑了笑："这个，表姐我也不知道啊……""不不不……这乌龟是故意不去叫兔子的，它是坏乌龟！"我一听就愣住了，多年以来，这《龟兔赛跑》就是用来告诫"虚心使人进步，骄傲使人落后"的，怎么到她这儿，就变成了坏乌龟呢？她这是又从哪儿听来或看见的"歪理"？

　　我告诉她，《龟兔赛跑》是用来比喻谦虚的人和骄傲的人，警示我们，要做个谦虚的人，要像乌龟那样。她一听，立马就不高兴了，气哼哼地叫着："表姐骗人，表姐骗人！乌龟明明不诚实，为什么要向它学习呢？妈妈说了，要做个诚实的人！我不做像乌龟那样的坏人！"见她快哭了，我真有些不知所措，但是转念一想：是啊，如果乌龟它诚实，为什么不叫醒睡觉的兔子呢？那比赛岂不是不公平啦？我们只会赞美它表面的谦虚，却彻底遗忘了它诚不诚实，自不自私这一品格。要知道诚实是我们做人之根本，我们这些大孩子都没有发现的问题，反倒让一个小女孩儿找着了。"就算它赢得了比赛，取到了胜利，可是它的品质却已经落后了啊！小星星，对吗？"就在她晶莹的泪珠快要落下的那一刹，我不禁脱口而出，她抹去了眼泪，嫣然一笑："没错，没错！"

我放下了那本书，用手摸着这个富有灵气的女孩儿的小胖脸，将她眼角那颗险些落下的泪彻底擦净。"读了这个故事，你又懂得了些什么道理呢？那你以后的梦想又是些什么呢？"我迫切想知道。她告诉我，这个故事的道理是：我们不能像兔子一样骄傲，要像乌龟一样谦虚，但是，我们不能把乌龟自私而不诚实的缺点给学来，因为这样，还不会受人喜欢。我听了竟有些欣慰，没想到这个小丫头似乎一天之间长大了！"那梦想呢？""做一个既不像乌龟又不像兔子的人！""哈哈哈……"

我和她一起愉快地笑起来，丝毫不需要遮遮拦拦。没错，就是这么个小姑娘那一颗童稚的心灵，深深感动了我，她那纯真的童心，美好的童心令我一次次思潮起伏。思潮起伏着什么呢？想着如何用她教给我的童心来过这复杂的生活。也或许只有童心才能发现这生活中的纯洁与美好吧。

爱无处不在

罗晶晶

有些人会觉得世界上的爱不存在，但是我不这么认为，因为就像题目所说：爱无处不在。

父母给的是父母爱，是亲情；好朋友给的是友爱，是友情。亲人给的关爱也是亲情，这么多的爱，爱怎么会不存在呢？

我先来举个例子吧！上次过马路，因为我的脚老是内拐，跑起来的时候一个不小心就把自己绊倒了，摔了个狗啃泥，红绿灯旁边骑车的人，手足无措地看着我。如果手里没有拿着雨伞的话，真不知道会把手摔成什么样。我的手掌是受伤最严重的地方，不过脸倒是没有摔得鼻青脸肿。我的好朋友看到吓坏了。因为红灯了，她不敢过来，这时汽车也停了下来。我一步步艰辛地走到了马路对面。

我的好朋友摸摸书包，把纸巾掏了出来，用水壶沾了点儿水，给我手掌上的伤口擦干净，还对我说："没事吧？"我冒着汗，抬起头回了一句："没事。"回家之后，妈妈急忙跑了过来，担心地看着我，说了一句："怎么了，手心怎么回事？"我说；"我摔倒了。"妈妈立马拉着我去洗手，然后给我涂了红药水。我的心头，涌上了一丝温暖，感受到了母爱和友爱。

还有一件事。有一年冬天，晚上着凉了，发烧了，突然我想吐了。妈妈赶紧从床上起来，跑到了洗手间把盆子拿了出来，爸爸也迷迷糊糊地从床上起来，一摇一晃地去洗手间把湿毛巾拿了出来，敷在我的额头上让我退烧，然后又急急忙忙地泡了药又拿了一杯温水给我喝。爸爸妈妈看着我这么难受，一个晚上也没睡觉，我靠在枕头上，热泪盈眶的我看着他们，眼泪"哗哗"地流个不停，我看到了父母对我的爱。

爱是一种温暖的力量，使我们人类变得善良，让我们把爱"发扬光大"，让世界充满爱！

发生在我身边的一件趣事

吴小烁

034

夏日炎炎，我缓缓穿过那条乡间小道，独自走进那熟悉的小院。也许是因为天气太热了吧，我望着冷冷清清的庭院，眼睛一点儿一点儿模糊，那年我们做的那件趣事展现在眼前。

"噼里啪啦！噼里啪啦！"爆竹声在耳边响起，我与表姐、表弟与表哥拉着对方的手一起跑向室内以避这可怕的鞭炮声。那时的我们很小，跑得气喘吁吁，却又哈哈大笑。我和表姐望着表弟兴奋又害怕的神情，突然相视一笑，心生一计。

院子里很热闹，地上洒着不知从何而来的沙子。亲戚们去喝茶聊天，表弟与表哥在院外嬉笑打闹，而我和表姐在干吗呢？我们正在谋划一件"大事"——我们要做一个大陷阱。表姐不知从哪里找来了两个木板，我们用最大的力气拿起木板，将木板插进沙子里，把沙土刨出，使一片平平的沙堆中出现了一个大洞。我拖着一个大约有零点七米宽，一米长的长方形塑料袋，将塑料袋平平地铺在沙子上，当我正准备站起时，一个不慎向后滑了一下，"啊"的一声，我掉进了沙洞里，我被调皮的沙子装扮得灰头土脸。表姐忍俊不禁，而我只能在沙洞里尴尬地笑，我快速地爬出洞，与表姐开始了收尾工作。我们掩盖了沙洞的踪迹，并在被塑料袋遮住的沙洞上做了一个美轮美奂的蛋糕。一切准备就绪。

"万事俱备，只欠东风"。我和表姐开始了"拐卖"行动。我们用尽了所以办法，"坑蒙拐骗"，强拉硬拽，想把表弟骗进我们的完美陷阱中，本以为会一帆风顺，想不到表弟像孙悟空一样拥有一双火眼金睛，看透了那个被伪装得没有一丝漏洞的陷阱。哎，计划落空了。表姐突然抓起地上的沙子飞速地往表弟身上一泼，霎时，表弟也变得灰头土脸了。之后，我们上演了一场扔沙大战，我们三人玩得不亦乐乎，丝毫不在意自己已经灰头土脸了。

035

突然，表哥的声音传来，打断了这场混战。我们闻声一看，皆吓了一跳。我的天，表哥正站在围墙上，火辣辣地盯着我与表姐做的甜蜜陷阱。他大吼一声："来迎接本英雄吧！"话毕，他一个迈步，从墙上向陷阱里跳，他的动作很笨重，在空中还踢了几下脚，双手举起，而我们看着他离陷阱越来越近，嘴也不自觉地一点儿一点儿张大。"咚"的一声，表哥分毫不差地落在了陷阱的怀抱中，空气凝结了三秒，"哈哈哈，哈哈哈！"我和表姐、表弟一手捂着肚子，一手指着他，蹲在地上哈哈大笑，面对着嘲笑，表哥只能无奈地挠挠头。他也灰头土脸了。一场闹剧，由表哥莫名其妙的举动而落幕了。

鸟啼声唤回我的思绪，我望着冷冷清清、干干净净的院子，不禁叹了一口气。原来童年过得是如此快，趣事却是那么少。那件事，是我的回忆，我们的童年。

他

陈心如

大千世界都有正反两面，黑白两道，使人摸不清、想不透。实在是费人心神，他亦如这个大千世界有着正反两面，让人捉摸不透，哭笑不得。

学习中的佼佼者

他对学习事无巨细，事事都力争完美。课堂上，他总是力争上游，思绪总是源源不断，一路过关斩将，实在是勇猛无敌。课下，他又当起了小老师，为同学们斩除难缠的"妖魔鬼怪"，成了大家心目中的大英雄。在老师那，他又是帮老师管理班级的贤臣，使得"人民幸福，国家安定"。他见多识广，博览群书，是竞争者的"眼中钉，肉中刺"。因为有了这样一位学习中的佼佼者，才促进大家一起进步，互相帮助。

生活中的懒散者

他对学习有多认真，对生活琐事就有多随意。从衣着来看，衣领总是任性地立着，袖子总是时不时"躲藏"着，这种种都证明了他的懒惰。再来看看他的书包，这夹层的拉链又忘关了，这书又乱放了，这做完的考卷再一次被酿成了"咸菜"，这又说明了他对自己内务的随意。这些生活上显示的点点滴滴，无一不彰显他的懒惰特性。

他对自己的学习和生活完全颠覆了。从他的生活中，是完全看不出来他在学习中的博学多才；同样，从学习上也是看不出他在生活中的散漫，他这两个完全对立的习惯、特点，总让人们摸不清他的真实秉性，而他这截然不同的习性，也总让人哭笑不得。

跟大自然对话

李　辉

落日下，大树旁，坐在椅子上的我，看着面前的那一丛翠绿的灌木。心里满满的只有两个字："自然"。

在这静谧之处，左右有花草相伴，前后有树冠相拥。这一切显得那么美好而生机勃勃。

树木在我的身后，用它们那独特的呼吸声"沙沙沙"地与我交谈。它们身上的树叶在每次呼吸时，都像一个个顽皮的小精灵，飞舞着，飘动着，来到我的身旁。我望着这棵大树，粗壮的树枝，强壮的身躯，像一个魁梧的"肌肉男"。"你真强壮啊！"我在心中默默地说。它仿佛听到了我的心声，又骄傲地挺起了胸膛。

灌木是一群顽皮的孩子，在我眼前不断地摆弄花样。一会儿一片全部张开，枝干微微摇摆，像一个狂野的少年。一会儿又突然缩紧，摇摆的双臂马上放得端正，像极了一个正在疯狂玩耍的孩子突然见到了校长一样。它们大概看到了远处还有一个我，便急忙整理姿态，不再放肆了。我笑着对它们说："你们可真顽皮啊！"它们知道我不会在意后，又开始开心地玩耍。

翠绿的小草和姿态翩翩的花儿是两个小绅士。它们太矮，而且说话总是很小声。但它们很快想出了解决的办法：它们聪明地托风来当它们的"代言人"。缕缕微风吹来小草清香的话语，丝丝凉风吹来了小花芳香的搭话。我敬佩它们的机智，赞美道："你们可真聪明啊！"它们听了我的话，都害羞地弯下了腰。

在这黄昏的短短三十分钟，我与大自然做了一次特别的对话。我，在这次特别的对话中，返璞归真了……

038

窗外的色彩

罗雯菲

窗外是一个小小的小口，但它确实是世界的一个窗口，使阳光照入阴暗的小屋，它虽简单却不失色彩。

我深深地爱着窗外的几棵参天大树！茂密的树叶遮蔽着阳光，只剩下一缕缕微弱的光芒射入屋子。它构成了一幅四季画卷。

春天的大树显得油光满面，如同幼小的孩童换上了新衣，我仿佛能听到她那嘤嘤的叫声。刚下过雨的清晨，总有一些露珠在树叶上旋转，滴入路旁的小水洼中，发出——叮咚叮咚的声音。当鸟儿边唱歌边飞翔的时候，一个不小心扑到了树叶上，可怜的雨珠被溅得四处飘散，当阳光照入了雨珠，散发出五颜六色的光芒，又向远处散开，这短暂的美丽如同烟花一样消失在空中。

夏天的大树显得精神饱满，如同健壮的青年，大步向未来走去。树叶上的纹路清澈可见，摸上去十分粗糙，像一个饱经风霜的农民。当夜幕降临时，寂静的画面被一场热闹的"音乐会"打破。

秋天的大树多了一份色彩——枯黄色，这时的她像一个年轻美丽的女人，这枯黄的树叶就如同美丽的面孔，被划开了一道血口子，里面流出了鲜红的血液，显得格外诱人。当凉爽的秋风吹过时，大树又像一个开朗的少女正在翩翩起舞。

冬天的大树多了一层薄雾，显得十分神秘，这时的她就像一个知识渊博的老人，她的身上带着与众不同的气息，着实让人好奇他像谜一样的经历。历经岁月的流逝，面貌有一丝模糊。那树枝就好像那岁月虽老，却有着一身正气的血液。

在这里我呼唤人们来保护大自然，不要让这美丽的景色消失在我们的窗边。

窗　外

林明烨

淡淡的、清清的香味扑进我的笔尖，这不是酒酿的醇香，不是花草的芬芳，不是树果的清香，而是清风的淡香。

树妈妈为了不让树叶宝宝坠落于地面，每天都悉心地教导着它们，可是总有那么几个淘气包，不听树妈妈的教导，于是便一个不小心，没抓住树妈妈的"手"掉落下来。而在这时，清风姑娘每次都不厌其烦地卷着尘土轻轻地抱着树叶宝宝让它们安全地着陆地面。树妈妈每次都不好意思地说："清风姑娘，真是不好意思呀，每次都麻烦你了"。"没关系的，反正我闲着也是闲着，看见这些淘气包又不听话，就知道一定有我帮上忙的地方"。清风姑娘说完便卷起尘土飞往别的地方。

每当这时，便到了一天一度的大合唱了。蜂鸟在花丛中快乐地唱着歌谣；蝴蝶蜜蜂俯在花儿上哼着小曲；树妈妈与树叶宝宝"唰啦唰啦"地跳着舞蹈；花儿与草儿挥动着它们的脑袋，鸟群们仿佛是这个大合唱的主唱，啄木鸟为木头治病的"咚咚咚"声更是为这个大合唱添加了几分特色。风儿姑娘就像指挥家一样，一会儿这边"指挥指挥"，一会儿那边"指挥指挥"。

太阳忙碌了一天快要休息了，池子的水面上呈现出一幅金黄的壁画，时不时还闪着金色的光。白天沉游在水底中的鱼儿，看到这样奇丽的景色也按捺不住性子，竞相跳出水面。水面上波光粼粼，跳出水面的鱼儿在夕阳的照耀下，渡上了一层如同金子一般闪耀的鳞片。

清清的、淡淡的清风香味突然"猛"地一下吹动我的发丝，让我不得不从那美妙的景色中拉回来。夕阳鱼儿的壁画，清风姑娘的善良，美妙的大合唱，让我都沉迷于回味之中。

钱 与 诚 信

黄智涛

俗话说"金钱不是万能的，但是没有钱是万万不能的"。钱，既可以带来快乐，也会带来烦恼。

上个星期日，我正准备写作业的时候，突然发现笔坏了，于是就拿出存钱罐取出了一张十元钱的钞票。直奔楼下的文具店。

一进店，我的目光就被琳琅满目的文具给吸引住了，草草地扫视了一番后，我的目光停留在几支刚新进的笔上了。

"老板，这笔怎么卖?"

"五元两支。"

"给我两支！"虽然价格贵了点儿，但是还是可以接受的。老板麻利地递给我两支笔，我把钱递给了老板。

这时，又有一名顾客旁若无人地闯进店来，目中无人地朝老板嚷嚷："这是什么学习资料，怎么还缺页呢！我昨天才为孩子买的。"老板接过学习资料一看，连声道歉："对不起，我现在就为您换一本，我会向出版社反映这个情况的。"老板一边为顾客换资料，一边为我找钱。

离开小店，我突然发现老板找给我的竟是一张十元的钞票，这不是白赚了两支笔吗?

一连好几天，我都被这个秘密给"烦恼"得寝食难安。去把钱退还给老板，我觉得太丢人；把这"不义之财"给花了，又觉得不安心。可是想想老板汗流浃背地卸货，花着成本买来的货，这个时候，我的心中的"白天使"和"黑恶魔"打起了架……

第二天，我鼓着十足的勇气，大步跨进文具店，一进门，看见老板聚精会神地低头干活，"老板，您上次多找钱给我了。"我红着脸，一边把十元钱还给老板。"谢谢你，小朋友……"老板话音未落，我便飞快地冲出店门。只觉天高地阔，心中豁然开朗。

这件事告诉了我们一个道理，在钱和诚信面前，宁可舍弃钱财，也不能失去诚信。

梦回《江畔独步寻花》

游立佳

在今天的语文课上，我学习了《江畔独步寻花》这首诗，了解了作者杜甫当时写这首诗的意境。我很好奇：到底是什么样的景色，能让杜甫写出如此深入人心的诗呢？

晚上，我正在做作业，不知怎的迷迷糊糊睡着了，做了一个奇怪的梦：一个鸟语花香的春天，和煦的春风扑面而来，杜甫踏着轻松而愉快的步伐，前往黄四娘家。走在江边的小路上，一阵阵浓郁的花香顺着风扑面而来，杜甫大喜过望，寻着花香走向小路深处。在那里，杜甫被深深震住了。这是怎样美丽的花呀！红的、黄的、粉的……都是姹紫嫣红，姿态也可谓千娇百态：有的通体粉红，含苞欲放，似害羞的少女在花丛中亭亭玉立；有的花瓣开得大大的，露珠沾在花瓣上，似明亮的眼眸，一闪一闪的；还有的花瓣一层叠着一层，只露出闪着白珍珠般光泽的花蕊，散发出迷人的香味。花很多，一眼望不到头，到处是一簇簇的花，从树上、藤蔓上、草丛里冒出来，把杜甫围在了中间。美丽的蝴蝶也被吸引过来，围着花丛翩翩起舞，穿梭在花朵之间，煽动着它美丽又迷人的大翅膀，仿佛在玩着捉迷藏，舍不得离开。这时一只黄莺站在枝头，高声地歌唱，清脆的嗓音婉转动听，每一个音符都似一股清泉，流进了花的海洋，也流进了杜甫的心里。此刻杜甫忘记了一切，忘记了自己身在何方，只觉得心潮澎湃，不禁高声吟诵道："黄四娘家花满蹊，千朵万朵压枝低。留连戏蝶时时舞，自在娇莺恰恰啼。"

我正梦得起劲儿，妈妈熟悉的声音在我耳边响起："游立佳，醒醒，你怎么趴在书桌上睡着了？"我迷迷糊糊地睁开眼，呀，原来我做了一场梦。

多美的梦啊！梦里有一个多么迷人的春天啊！

与法布尔相遇

赵 喆

一束阳光照射在小道上，透过层层叠叠的树枝，像一缕缕金色的头发。一座庄园，出现在我的眼前。法布尔，这位令我仰慕已久的大师，这位才华横溢，广识昆虫的学者离我竟是这样近，又仿佛那么遥远。使我迷茫，使我惊讶。他缓缓地站起身，很快就注意到了我，我们四目相撞，我浑身一颤！

"这里可是私人禁区！你来这里做什么？！"他的口气有些严肃，还有几分抱怨。我为打搅了这位学者独享的宁静而感到深深的歉意。他看我的眼神中有了几分好奇，语气也软了下来："说吧，孩子，你来这里做什么？"看他眼神温柔了许多，我才放心了下来。他一手握着一个放大镜，一手拿着一个小瓶子，瓶子里有几只蚂蚁。我明知故问地说："这是蚂蚁吗？"他听了，笑了起来，没有回答，而是问我："知道蚂蚁是一种什么生物吗？"我说："蚂蚁不就是一种成天在地下跑来跑去的昆虫吗？"法布尔一听，又一次笑了，他坐到一把木椅上，我挨着他坐下。他说："孩子，你只看到了蚂蚁最肤浅的样子。"他的头发在阳光下变得乌黑发亮。"蚂蚁这种生物是一种神奇的东西，它们过着几乎和人类一样的生活。他们有的负责搬运，有的负责清洁，有的负责寻找食物，有的时刻准备着抵抗外敌。它们也有感情，它们也喜欢平静。所有人会做的事情它们几乎都会做。"一阵晚风托起他的一缕长发，我被他诗一般的话打动了，好一阵子没回过神来。"可是昆虫是不可能有什么感情的呀！这只是童话中的谎言。"法布尔听了，严肃起来："孩子，这你可错了。动物和人类一样，是有感情的。就拿蚂蚁来说，如果他们没有感情，那么他们怎么会在最危险的时刻，冒死护着蚁后冲出敌群呢？"

我再次被他的话动摇了，看着蚂蚁，似乎看到了他们在朝我微笑。我缓缓起身，朝这位大师大师深深鞠了一躬。法布尔笑了，他站起身来，朝着远处的庄园走去……

阳光照在小道上，路边的木椅上，坐着一个熟睡的小男孩儿，他的脸上有一丝微笑。

祥子小传

王 芳

　　茫茫大雾，覆盖了大地，遮住了天，挡住了阳光。清冷的街头，一个身影时隐时现。近了，更近了，穿一件破旧的单衣，磨出破洞的鞋紧紧包裹着一双大脚"吱吱"作响。祥子，这个游荡的灵魂，低着头，走得很慢。

　　他本也有充满活力的青春，他本也有自己的生活，甚至，他本也有梦想。

　　从乡村走进北平这个大都市，他毅然抄起了车把子，将生活和汗水融进了车夫的行当。他梦想着拥有一辆自己的车，一辆顶顶漂亮的，最可心的车。他努力，他坚持，梦想终于实现了！可是，好景不长，最终这只是一个美梦。眼看着自己三年的血汗化为乌有，愤怒而无助的祥子发出了自己的呐喊："凭什么？凭什么？"

　　他逃出来了，牵着三只骆驼逃出来了。权衡再三，他选择了忍气吞声重新开始。他风里来，雨里去，当上了曹家的车夫，不怕吃苦，不怕流血，任自己像骆驼一样，但希望的火种在复燃。那是一个寒冷的夜晚，望着小马儿和他父亲的破车驶出眼帘，祥子买车的愿望又一次落了空。可他没有放弃，只要坚持，梦想中的车会有的。一直到那天，那个孙侦探，连拐带骗，将那个装钱的瓦罐，那个祥子视作生命的瓦罐砸碎在地上，一同砸得粉碎的还有他的心，他那颗滴血的心。

拉车，收工，和虎妞的婚礼，祥子没有一丝言语，心死了，更是丢了灵魂。之后的日子对他而言都不重要。直到那天，虎妞同意了他的建议，买车！身体虚弱但阻止不了祥子振奋起来，这一次这只倔强的骆驼为了家人坚强更是快乐地劳作着。然而，他不知道，一个更大的不幸，正悄悄降临。

几个月后，虎妞难产而死，他们的孩子，没能活下来……

心口被撕裂，为了下葬虎妞，车又被卖了。他绝望，他太无助，他是一个仅仅想要平稳生活的人，却究被生活吞进了无尽的深渊。虎妞、曹家、小福子、小马儿，这些名字对他都没有意义了。在无尽的悔恨无助中，他买来了烟和酒，一点点地毁灭自己。直到最后，那个清晨，他出卖了阮明，将他推上了刑台……

是祥子毁了生活？还是生活毁了祥子？那个时代将他榨干，又像扔垃圾一样将他抛弃。曾经的那头怀揣梦想不想轻言放弃的骆驼不见了，取而代之的是一个没有灵魂的行尸走肉，永远地沉没在黑暗之中……

骆驼，祥子，骆驼祥子。

我没有掉眼泪

于小雨

"到那里要注意安全，如果吃不惯那里的饭，就给妈妈打电话，我去给你送。晚上要盖好被子。如果感冒了……"妈妈总是唠叨个不停，而爸爸呢，就说了一句话："到那里别一遇到困难就掉眼泪，没有什么大事，不要往家里打电话。"顿时觉得爸爸好无情！

妈妈一直把我送到学校门口。看着她还想再叮嘱几句的样子，我赶紧说："妈，我知道了！你快回家吧，我保证活着回来。"

其实也不怪妈妈。因为我们要到职业中专去参加实践活动，一待就是七天呢！对从未出过远门的我，妈妈自然是放心不下的。

到达目的地，惊奇和兴奋一下就占据了我们的心，谁还会想爸爸妈妈，谁还会想他们临走嘱咐的话呢？

在那段日子里，令我最有新鲜感的就是去锅炉房提水。从小到大，从来没有提过水。不过，我认为自己一定能行。

我和于飞用同一个热水瓶。刚到提水的地方时，只见一片热气腾腾，吓得我不敢去动阀门。后来人少了一些，我才壮着胆子去接水。我先用食指尖触了一下阀门，发现并不像我想象的那样热，且热水瓶里灌满水后也不像我想象的那样重。后来一切顺利，安全到达宿舍。

但不幸也从这时开始了。

我和于飞商量着把这些热水先倒进杯子里，晾一下再喝。我拿着杯子，他拿着暖瓶往杯子里倒。先是倒了杯子的三分之二，我看着杯子还没满，就说："再倒一点儿吧"。就在第二次往杯子里倒水时，由于于飞没有把握好，杯子倒满了，滚烫的热水从杯子里漾了出来，直接流到了我拿杯子的手上。顿时，像千万根无比锋利的刺扎进了肉里，疼痛难忍，泪水已经盈满了眼眶。只听于飞说："快放下杯子！"

往哪儿放呢？这时的我已经蒙了。我看到窗台上有一处小空，就赶紧往上面一放……杯子虽然保住了，可是我的手却疼得不行了，满脑子只有疼！疼！只想把疼化作眼泪流出来，那样或许会好受点儿。想起临走前爸爸说的话，我就强忍着疼痛，把眼泪咽回到肚子里。

"快到水管上冲冲！"

不知是谁说了这么一句，我三步并作两步跑到了水管边上，赶紧拧开了水龙头。舒服多了。但手一离开水或风一吹到，就又钻心地疼，我只好把手放进上衣口袋里。我在心里早已不知多少次对自己说："小雨呀小雨，千万别掉眼泪，让爸妈为你骄傲一次吧！"可此时的我好想爸爸妈妈，好想回家！好想让妈妈亲吻我，让爸爸用胡子扎我的脸！

每当我受到伤害时，妈妈总是百般呵护，而爸爸总是说："坚强点儿才好！"虽然烫手之痛难忍，虽然想家之情难忍，但我还是很高兴。因为我回家后，可以自豪地对爸妈说："我很想你们，我没掉眼泪！"

游三坊七巷

杨 扬

国庆节放假，我来到三坊七巷游玩，刚踏入这人如潮涌的街道，一股古色古香的气息夹杂着节日气氛的味道便扑面而来。

街道两旁有各种各样的店铺：有现代工艺品店、小吃店、服装店……五花八门的令人眼花缭乱，随之，店铺老板吆喝的声音此起彼伏。听路边的导游介绍，三坊七巷历史悠久，被誉为"明清建筑博物馆"，是全国重点保护单位。三坊七巷与福州一起经历了许多岁月沧桑的洗礼，一些精美的建筑物已有毁坏，但我们仍可以通过丝丝痕迹，看到时代变迁之前的风华容貌。政府为了保护这些珍贵的文化遗产，专门进行修复，如今已作为福州的一处旅游景点，吸引了众多中外游客。

随着人流，我们来到了一处景点——福建省非物质文化遗产展览馆。刚到门口一对雕刻得栩栩如生的石狮子映入眼帘。步入馆内，各型各色的工艺品琳琅满目，令人目不暇接。有银饰、陶泥、剪纸、漆画……许多年长的老人还在现场制作工艺品，使现场增添了新意。据说国家为了保护这些手工艺不失传特地出资，请出这些民间艺人在此表演。放眼整个展览馆，其中最吸引人的就是那件用寿山石雕刻而成的水果。瞧那荔枝上垂着几滴露珠，使它的暗红色颇具生机。十二生肖个个栩栩如生，千姿百态，坐、展、卧、躺……个个精美绝伦。最令人叫绝的是那只深红色的板鸭，上面还放着几滴油光，真是惟妙惟肖，足以以假乱真。

走出门，踏着脚下的条石，看着两旁的古民居，心想，怪不得这里被誉为规模庞大的"明清古建筑博物馆"。三坊七巷人杰地灵是出将入相的所在，历史上众多著名的政治家、军事家、文学家、诗人，都从这里走向辉煌。在杨桥巷与南后街处，有著名作家冰心的故居。有的从坊名和巷名就可以看出当年的风姿和荣耀。

三坊七巷中体现了福州古城的民居技艺和特色，是闽南文化的荟萃之所。

世外桃源——修竹湾

胡雨桐

永安，有许多著名的景点，像美丽的桃源洞，秀丽的鳞隐石林……不过，最美的的地方，应该归修竹湾莫属。

踏进修竹湾，你就来到了竹林秘境。迎面扑来的，是一阵阵清新的竹香，那是自然的气息。一浪高过一浪的如风铃般清脆的鸟鸣冲击着你的耳膜，使你忍不住打开尘封已久的心房，去细细品味这大自然的交响乐。仿佛要与天一般高的翠竹，顺山势延伸，层层叠叠，怎么看，也看不见尽头。竹林是那样的密，密到连阳光都穿不透，只能隐约看见几个小光点，在竹叶上跳动。

穿过竹林，就进到了另一片天地：参天的古树，五颜六色的野花，奇形怪异的蕨草，用大理石铺成的石径，各形各色的蘑菇……简直像来到了远古的世界。灵活的松鼠在树间跳跃，可爱的鸟儿在枝头欢歌，清澈的溪流在石缝间奔跑，灿烂的阳光在林间穿梭。它们就像一群顽皮的小精灵，在你的身旁嬉戏，可你怎么抓也抓不到。一切，都带着自然的美。

当风儿呼呼地吹过，鸟儿喳喳地欢唱，树叶沙沙地作响，流水哗哗地跳跃，就谱成了世界上最美的歌谣。这就是连天底下最棒的音乐家都演奏不出来的"神曲"。

走出"音乐的殿堂"。首先映入眼帘的，是仿佛有十里之长的梨花。徜徉在梨花的海洋中，只见在虬曲的梨树枝条上，洁白的梨花静静地开放着。有的低垂着脸颊，羞涩地藏起盛开的花朵；有的才展开两三片娇嫩的花瓣，摸上去像丝绸一样，丝滑、柔软；有的挺直了花枝直对着你，骄傲地冲着你微笑；有的却像调皮的孩子，躲在新长出的嫩芽后面，偷窥着你。它们三个一群，五个一堆地挨在一起，远远望去，像一个个嬉戏打闹的白胖娃娃。忽然一阵风吹来，便又有几朵花轻轻地飞舞下来，地上铺着一层层雪白的花瓣。在阳光的映照下，在春风的吹拂下，跳跃着、舞动着，洁白如雪，银光闪闪。轻轻地走得近些，再近些，你会看见许多蜜蜂，它们围着那些洁白如银似雪的花朵跳舞，嗡嗡地叫着，像是在唱歌！置身其中，细细地体味这人间最纯净的色彩，仿佛感觉自己的心也是纯白的了。

你要是有机会，还可以去看看修竹湾的"走马岩"。传说，那是仙人跑马的地方。表面平整如削，岩顶有降仙台，还有接仙亭。从上往下看，山间翠竹遍布，景观即险峻又幽静还很"狂野"。仿佛整个世界被踩在脚下，是一块充满野趣的地方。

听了我的介绍，你一定心动了吧，如果动心了，就来吧。我想你一定会流连忘返的。

泉水的旅程

闫建军

风轻轻吹过树林，水面上轻轻泛起一阵涟漪，我便是一眼泉水。

"嗒嗒",一阵急促脚步声隐隐传来,越来越清晰,不一会儿,水面上映出了小鹿那可爱的脸蛋儿。它低下头,泉水从身边捧起一捧泉水,送到它嘴边。这是泉水每天必做的事情。

天渐渐黑了,乌云遮盖了天空。雨,已悄悄地下了。在这时,大自然合奏着一首乐曲,它是世上最动听的声音。调皮的雨点从高高的天上跳下来,落进它的怀抱里,发出"叮咚、叮咚"的声音。它化作一个个音符,汇入大自然的音乐。在雨中,泉水长大了。随着山势,缓缓地向前流着,开始了它漫长的旅程。

不知不觉,泉水已经离开了大山。眼前是一片绿油油的田野。

它挥动着双臂,将身边的水泼向一望无际的田野,禾苗正冲泉水做鬼脸。泉水"哗啦啦"地唱起欢快的歌儿。远处波光粼粼的不是那广阔的大海吗?原来,泉水已流入大海。

来到无边无际的海洋,汇入了这个庞大的集体。海风吹过海面,泉水变成一朵浪花,涌向岸边的岩石,发出"啪啪"的声响。海底世界有五彩缤纷的鱼,有各种颜色的珊瑚,还有各种奇形怪状的海底植物……不知过了多久,泉水化作一股白色的烟雾,轻轻地飘上天空,变作一朵洁白的云。

在一个电闪雷鸣的夜晚,泉水的身体变得沉甸甸的,天空已承担不起泉水的重量。泉水从天空中优雅地滑落,落入一片郁郁葱葱的树林,汇入一股清泉之中。 瞧,泉水又变回了一眼泉水,永远是大自然中最可爱的精灵。

最美印度

杨 扬

有人说印度最美是建筑，有人说印度最美是历史，而我说：印度最美是自然。

望着阳台外飞翔的鸟儿，脑海中闪现的是印度广场上那成群结队的鸽群……它们星罗棋布地散布在广场上，织成了一幅壮丽的灰白色的地毯。一阵风吹来，数百只鸽子不约而同地随风飞上蓝天，毫无规律却又充满秩序。像一只只苍劲的雄鹰，扑向天空的怀抱。霎时间，整个广场，就被几股灰白色的旋风围住了。

鸽群挡住了阳光，几只乌鸦也在围墙上叫着。叫声高亮且凄惨，像是在抱怨鸽群挡住了它们久违的阳光。它们上蹦下跳，想飞起却又无力落下，只能在地面上狠狠地嘀咕，咒骂。一阵清脆的鸣叫随风到来，哦，那是鹦鹉。扇动着那绿色的翅膀，与一旁的乌鸦形成鲜明的对比。盘旋在公园的上方。

公路边，街道旁，处处都有牛群的踪影，作为印度的神物，牛群在印度拥有极高的自由。它们或在路边悠闲地散着步，或在树荫下静静地乘凉。几条野狗，独自在草丛中寻找着食物，渴望着一顿美餐。看那边的草丛，一群野猪正在水边晒太阳呢！它们懒洋洋地趴着，尽情享受这免费的日光浴。几只乌鸦在它们的背上来回跳动着，殊不知它们的脚下踩着一个庞然大物呢。

　　登上印度的古城，眺望远方，灵活的猴子正在树上晃着，摇着，找着机会捡食游客吃剩的食物。一只山羊，死死地盯着一只猴子的一小块苹果，是在想办法偷它，还是在乞求？一阵轻微的骚动，一只花栗鼠跑出了洞穴，瞧瞧这儿，看看那儿，抓一粒游客的浆果，喝一点儿早晨的露水，就又跑回窝里，望着眼前来来往往的人们。

　　这一个个早已与人相处多时的生灵，让我惊讶，也让我赞叹。这个文明古国，在现代文明的冲击下，依然保持着最原始的一面——自然与人的和谐。鸽子可以在高楼上做窝，松鼠可以在人们手上吃东西，这些镜头深深触动着我。印度，他并没有因为发展而丢失自然，而是选择了与之融合最终才有了这么一个现代文明与自然体系相交和的奇妙世界。我想，这是正我们的城市所最缺乏的，却是最迷人之处。

　　印度之旅，带给我们的不仅仅是欢乐，更是一次与大自然的亲密对话。

风吹过的风景

　　忘了从哪个秋天开始，我一回家总能看见奶奶坐在窗户的跟前，看着树叶飘落，吹着跑来都让我发抖的秋风，静静地静静地。那时我会先回去放下书包，再跑到奶奶的跟前，挡住风，轻轻地关上窗，坐在她身边慢慢地抱住她说："奶奶，天冷了，再吹下去可又要生病了。"奶奶也总是轻轻地回抱我，笑着说："好，不吹了。"

风吹过的风景

陈静蓉

忘了从哪个秋天开始，我一回家总能看见奶奶坐在窗户的跟前，看着树叶飘落，吹着跑来都让我发抖的秋风，静静地静静地。那时我会先回去放下书包，再跑到奶奶的跟前，挡住风，轻轻地关上窗，坐在她身边慢慢地抱住她说："奶奶，天冷了，再吹下去可又要生病了。"奶奶也总是轻轻地回抱我，笑着说："好，不吹了。"

大概是从这个秋天之后的冬天，天气异常的冷，几乎看不见一丝阳光。奶奶坐在窗前的次数渐渐变多了，我也总是耐心地帮奶奶一次次关窗。可有一次奶奶竟然把我给推开了，这时我们大家才知道她病了。

奶奶变得像小孩子了，妈妈对我说，我似懂非懂地点点头。也就是从这时开始，我不再给奶奶关窗了。

姑姑从厦门回来，看见奶奶开着窗户坐在窗前，叹息着对我说："以前我也喜欢在冬天开着窗户坐在窗前，你奶奶每次都走过来拍拍我的头，帮我关窗，唉。"说完就向奶奶走了过去，轻轻地拍了拍奶奶的头说："妈，要着凉喽。"转身便挡在奶奶的身前，关了窗户。奶奶没有推开姑姑，只是淡淡地笑了。

后来，姑姑为了奶奶到处跑。一是为了奶奶，二是为了工作。别人都说她傻，为了一个将要死的人到处费钱，而姑姑每次都是淡淡地笑说："因为她是我的妈妈啊"。

奶奶的病越发地严重，她只能躺在床上了。有一天，奶奶在床上哭了起来，一哭就是好几天，无论我们怎么安慰，她都听不进去。我们没办法了，就只好打电话给姑姑。姑姑很快就赶来了，俯下身不知对奶奶说了什么，只见奶奶听了竟像个得到了糖的小孩儿一样笑了起来，那笑声，无比美妙。

第二天，难得的是个晴天，秋日的阳光暖暖地照进窗玻璃，奶奶坐在窗的沙发上，手里拿着一串佛珠。我向着奶奶喊道："奶奶，我去上学喽"。我没什么期望奶奶会对我笑，更别说跟我说话了。可是我却看见奶奶的头转过来，阳光照在她的脸上，我听见她说："好，路上小心。"

我的心情十分愉快，秋日的阳光和颜悦色，弥勒佛样眯眯地笑，奶奶都会说话了，那么病一定好了。可是，我却想不到，这竟是我和奶奶说的最后一句话了。我放学回家时，妈妈告诉我，奶奶走了，走时是面带微笑的，就静静地静静地坐在那儿，就像之前一样……

全家人都在哭，只有我没有，因为我在想：奶奶是带着阳光走的……

乡村的早晚

王　妍

乡村的早晚，总是那样的平静、安详。有的人觉得，乡村的早晚都是那些的索然无味，不像大城市的早晚都是人山人海，热闹无比。但在我的眼里，乡村的早晚却是那么的美。

公鸡的嗓门还是一如既往的雄浑，它那响彻云霄的叫鸣，把还在睡梦中的我给拖了出来；这是很平常的一件事，我们一家早习惯了这勤奋的"闹钟"。吃了早饭，还是六点，我便随着家人一起，去小道上走走。

清晨的空气中，总是带着朦胧的雾。我惬意地享受着大自然的气息，跟在家人的后面，一切都是那么纯真；两个妹妹在边上的林子里打打闹闹，指着地上参差不齐的草堆，对着我说："哥，你看，这里的草堆就跟你的头发一样，乱糟糟的。"听了她们的话，全家人都笑起来了："你俩的比喻可真是生动形象啊！"除此之外，鸟儿的歌声和蟋蟀的演奏，也是一道美丽的风景线。

初秋的傍晚，是乡村最美丽的时候。金黄的田野，披上了落日的红色；稻子似乎在摆动着自己的身体，高粱也红了起来，真实"高粱绽红了脸，稻子笑弯了腰。"看到此景，我的脑海里呈现出"稻花香里说丰年，听取蛙声一片"的情景，孩子们的嬉闹声才让我回过神来。 远处袅袅升起的炊烟，暮色即将笼罩大地，于是乎，田间出现了三三两两，扛着锄头，卷着裤脚的农夫们，边走边谈论着什么，身后还跟着几个毛头小子，手里挥舞着狗尾巴草，屁颠屁颠地蹦跶着，偶尔高喊几声，尽享童真乐趣。如此这般惬意，让我好生向往。

夜幕落下，一家人坐在院子里，边吃饭，边聊天，其乐融融。寂静的夜空偶尔几声犬吠，却也无伤那些劳作了一天，早已进入梦乡的人们。

这就是乡村的早晚，淳朴、自然又不失真。

小　草

林子馨

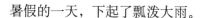

　　暑假的一天，下起了瓢泼大雨。

　　风雨中，大树的枝繁叶茂被风吹落了不少，草屋的屋顶被掀开，街道上几乎无人走动，地上躺着横七竖八的坏雨伞。狂风暴雨之中，门前的小草虽然在风雨中被吹得晕头转向，被狠狠地拍打，但它们站得坚定，可见它们紧紧地握着泥土，没有像塑料袋那样在天上横冲直撞。

　　乌云渐渐地散去，天边，露出绚烂的彩虹。呼啸的风声停止了它的怒吼，飞洒的暴雨停止了它的拍打。小草渐渐挺直了腰杆，傲然挺立在雨过天晴的世界里，焕然一新地面对已经被雨清洗过的世界。

　　雨后的清新领着我，踏着满地的水洼，忽见那宽广的草地，竟在狂风暴雨洗礼后，换上了崭新的、碧绿的衣裳。瞧，那绿得多可爱！我不住深吸一口气，啊！我吸到的是新鲜的生命气息！

　　我走向前去，点了点它尖尖的小脑袋、抚了抚它碧绿的腰杆。一颗晶莹的水珠顺着它柔软的腰肢滑下，环抱着草儿的腰杆，它们刚经历完风雨中的考验，这颗从天上来的水珠，像是给予它的奖励。太阳光愈出愈大，渐渐云开雾散，透过树叶间细细碎碎的空隙，散下斑驳的日光，映在小草小小的身躯上。

此刻，我惊讶地看到，整块草地似乎闪出了耀眼的光辉，啊！那是好几万株小草的生命发出的熠熠光辉呀！

风雨中摇曳的一株株小草，高大的大树都被狂风吹掉了不少叶子。这样的，比小草大几百倍的大树都被折断了枝叶，小草却意外地完好。是大树保护它们吗？不一定，你瞧它们那如小军人似的身姿，在土里的根怎么会不有力？在暴风雨来临之前，几万株小草的根在土中一定形成了一个宏大的阵势，紧紧地握着泥土，它们就是这样面对了一次又一次的风吹雨打，即使它们比大树微小。它们还在泼洒的暴风雨中拼命地吸收水分。在雨停，在太阳出来的那一刻，它克服了眼前的困境，绽放出它们小小生命的鲜花，拥有了再次挺起腰杆的力量，使我明白了美好生命的真谛——那，不就是拼搏吗？

平凡的一株小草，它不放弃生存的希望，握紧了周围的土，它不自我消沉灭亡，而是在风雨中吸收生长的水分。如果它们处于逆境之中，靠着自己的力量去勇敢面对生活中的风风雨雨，才能在雨过天晴的最后开出最美的生命之花。

在雨过天晴的那一刻，草地里每一株的小草给了我极大的震撼：原来生命的痕迹，是靠勇气去拼搏出来的。

故乡的秋天

游立佳

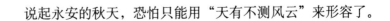

说起永安的秋天，恐怕只能用"天有不测风云"来形容了。

九月，正是"秋老虎"肆虐的时节。耀眼的太阳高高地挂在头顶上炙烤着大地，蝉也躲在树荫之下不甘寂寞地开着它的演唱会，兴起之时，连蟋蟀也忍不住拿出小提琴在一旁奏上几曲助兴。除此之外，一切都是静悄悄的。

　　突然，狂风大起，夹杂着落叶和鸟鸣，像发了疯的野马，以迅雷不及掩耳之势席卷大地。如此迅猛之势，吓得一些老树瑟瑟发抖，而那些小树更是弯腰臣服。不知哪里来的云朵，把炙热的太阳挡住了，气温顿时骤降，多了几分凉爽之意。秋天，就以这样霸道的形式，彻底宣布了它的到来。

　　狂风过后，又恢复了往日的平静，就在大家快把秋天忘了的时候，秋雨，却悄无声息地来了。不知什么时候，天空飘来了几朵乌云，起先只有巴掌那么大，后来渐渐地扩大到原先的十倍，闪亮地阳光也渐渐暗淡下来，就在人们还来不及反应的时候，秋雨已经抢先一步，淅淅沥沥地下了。

　　相对于之前的狂风，秋分则多了几分柔和与平静，少了几分暴躁。近处，雨滴落在树叶上、屋檐上、草地上所发出的清脆的声音，形成一个个动听的音符，逐渐汇成一首交响曲，仿佛来自天国动听的音乐。那美妙的音韵，足以洗涤人们的灵魂，使人不禁沉醉其中。远处，飘来的几声鸟鸣，也完美地和乐曲融合在一起，为这天籁之音增添了几分灵动。秋雨，还在下着。

　　雨势渐渐小去，永安的景色也愈发清晰，经过一场秋雨的洗淋，空气中夹杂着雨的味道，变得异常清新。万物也因为雨的滋润，颇有几分空灵的感觉。远处的山，红的似火，黄的像菊，绿的像玉，似有些迷蒙。世间万物，因为一场秋雨，彻头彻尾地改变了。

　　永安的秋天，像个坏脾气的小孩儿，说变就变，这也是永安秋天独有的魅力之一。

小城秋天

罗　欣

　　今年的秋天似乎比往年来得晚。立秋过去一个多月了，还依然感觉不到一点儿秋的气息。难道秋天被大自然给藏起来了？

　　终于，下了几场秋雨，把燥热的天气给洗濯干净。这时，燕城的秋才姗姗而来。

　　燕城的秋天，总是在悄悄地变化着，等待你去捕捉她的美。

　　你或许以为秋天就该层林尽染，万物枯黄，一片肃杀的景象。但燕城的秋天，却不是如此。

　　草依然绿，绿得特别，是一种厚重的绿，溢满沧桑。经过早春的严寒，仲夏的炙热考验，拥有了属于它自己的绿。秋天树叶的绿给人安静、亲和、愉快的感觉。松树、樟树生机勃勃，丝毫不比夏日逊色。燕城的水也因为有了草、树的绿，变得异常透明、清爽、灵动。当你把手伸入冰凉的水中，想染上一层清爽的碧绿时，水便潺潺地抚摸着你的肌肤，将秋的凉意渗入你的心中。

　　燕城的秋雨也别有一番韵味。豆大的雨点儿，打在窗玻璃上，不禁让人想起"大珠小珠落玉盘"的佳句。雨后，空气中弥漫着桂花的芳香，沁人心脾。天空像大海一样湛蓝，朵朵白云，犹如扬帆起航的轻舟，在"海"中悠悠飘浮。

　　燕城的秋夜不像大都市那么热闹非凡，她的夜，是寂静的。惬意

和舒心中夹杂着秋风从叶的缝隙间缓缓抚过。人们都纷纷走出家门来分享秋夜的美妙。

"自古逢秋悲寂寥，我言秋日胜春朝！"燕城的秋天，比春天更富有色彩，比春天更富有情趣。我爱燕城的秋天！

燕 城 的 秋

邓析朗

刚踏出门，一阵秋风就与我撞个满怀，空气中弥漫着秋天的清爽。啊，秋天，她来了。

在我的印象里，门前的大树应该是"金灿灿"的，但是它仍显示出勃勃生机的绿。几片红叶在茂密的绿叶里若隐若现，红叶似火，绿叶如玉，给秋天穿上一件别致的衣裳，"掩盖"了印象中的荒凉。一阵清爽的秋风轻轻抚过，树叶顿时沙沙作响，像在演奏一首秋的乐曲，又像给人们发秋天到了的电报。绿叶在阳光的沐浴下，安适地睡着，像一大块碧玉，显得格外耀眼。

在路边，总能瞧见一摇一摆地向你打招呼的小草。经过一夏的"煎熬"，它们已经穿上了深绿色的衣裳。它们没有树的高大，没有花的鲜艳，但依然努力向上，显示出秋的美丽。虽然有的小草已是干黄，硬硬的，但这并不能阻挡它们展示自己的步伐，它们成了秋的图画的一丝丝点缀。

如果你用手，轻轻拨开那些野草，你会发现许多星星点点的花

风吹过的风景

儿在冲你挤眉弄眼。嫩嫩的，就像害羞的小姑娘，就是不敢从自己的"房子"里出来。用心去闻一闻，总能闻到秋天那清爽的味儿。

天空突然洋洋洒洒地下起了一场秋雨，透过窗外，看着外面，一切都朦朦胧胧的，像蒙上了一层纱，一切都若隐若现的。雨点飘到树叶上，滴在草上，落在花上，这奇妙的声音绘成一首美妙的乐曲，在耳边久久回荡。

雨停了，花更艳了，草更绿了，树叶上晶莹的露珠也一闪一闪在发亮，一切都"新"了。

秋是一阵清风，刮去人们心中的烦闷。

秋是一场甘霖，滋润着大地万物。

秋是一桶彩色的颜料，把大地画得生机勃勃。

黄蝴蝶飞啊飞

王凌瑶

山明水净夜来霜，数树深红出浅黄。

——题记

"秋风阵阵地吹，折扇形的黄叶落得满地都是。风把地上黄叶吹起来，一群小孩子拍手叫道：黄蝴蝶飞起来啦！"秋天没有冬的凛冽，也没有春天那般温暖。它像一张水粉画，高雅清淡。

秋风拂过，黄蝴蝶依依不舍地从树上慢慢飞下，落在山间流水之中。轻轻把它从水中捧起，生怕弄痛她。细数她那精致的纹理，美不胜收。微风席过，她好像突然害羞了，悄悄地低下了头，从手中飞走了。蹲下身，捧起秋水，它好像一个小精灵，冰冰凉凉，与我手心交流着，让我感受它的纯净清白。我放过它，从我手中向溪流冲去，迫不及待地想要投入母亲的怀抱中。而有几个小精灵犹如文质彬彬的君子，与我道谢后，才悄悄地从指尖上溜走。瞧去，犹如一块绿宝石上点缀的几朵黄花。

秋天，生机勃勃。看，那几棵桂花树"你不让我，我不让你，都开满了花赶趟儿"，微风吹过，一股清香扑鼻而来，花儿个个绽放出了笑脸，她们把最好的一面献给了秋姑娘。瞧，树下的孩子们正争先恐后地在捡树下掉落的桂花哩！你跟我比，我和他比。看看谁的桂花才是最香最美的。

夜晚，走在江水边，迎着秋风伴着落叶，成了秋天最亮丽的一道风景线，最美的一幅山水画。

秋天给城市增添了缤纷的色彩。

秋天给人们带来了丰收的喜悦。

秋天给人们带来了无穷的欢乐。

065

故乡的秋天

黄思颖

"自古逢秋悲寂寥，我言秋日胜春朝。晴空一鹤排云上，便引诗情到碧霄。"燕城的秋天，是层林尽染，硕果累累的秋天！秋风习习，它就像一支马良的神笔，给整个燕城，画上了一幅幅风格各异，又有几分韵味的秋景图。

燕城的秋天最具有代表性的肯定是秋叶啊！人们一看秋叶从树上飞了下来，那就是秋姑娘来造访了，那秋叶没有春天的亮丽，没有夏天的绿，秋天的落叶是枯黄的，不只是颜色不一样，形态也不一样，那落叶有点儿脆，就像是炸过的一样，秋叶的数量也是多不胜多，由多、脆的落叶铺成了地毯，人走在上面枯叶发出唰唰啦啦的声音，那应该就是秋天的声音吧！看！由萧瑟的秋风吹来，虽没有冬天的刺骨，但已可以让人发抖，从西边吹来的风，混着果实的香味，还有树快要枯了，最后发出的味道，那些枯叶也随着秋分在天空中自由地飞舞着，是那么的无拘无束。

"菊花如志士，过时有余香"，燕城的菊，是那么有特点，它的香味，早已让人有了深刻的味道。那种清香让人陶醉，不仅菊花，从燕城的大街小巷里都传出了一种桂香，那是蝴蝶、蜜蜂的最爱，也是我的最爱，这种只有秋天才有的桂花，它和菊一样都可以耐到很低的温度，真是骨子里有种中华民族的精神。

"一年好景君须记，最是橙黄橘绿时"，燕城的秋天和别地一样都要秋忙，每次看见农民伯伯脸上的喜悦，一想种的这些水果味道肯定也不错，燕城的橙与橘是它自己的水果，所以往往这里的橘还是橙都比别的地方的好吃。燕城的地形就适合产这种水果，它不像热带，火辣辣的阳光扑面而来，这里的阳光温适，产出的水果水分足。

燕城的秋天，就像个害羞的姑娘，悄悄地给燕城的人们送来丰收的希望。我爱这燕城的秋！

姗姗来迟的春天

王　妍

　　在那春雷划过天际，惊醒一巢熟睡的小鸟；在那小草钻破冻僵的土地，破土而出；在那花苞经受寒冬的考验，于晨露的召唤下缓缓睁开的双眼后，春天，这个姗姗来迟的小姑娘才刚刚来到。

　　石板小径边，公园的河道旁，处处都有她的脚步。在一块被阳光晒得暖暖的大石头旁，几株不起眼的小黄花正悄然开放。路旁那些挺拔的大树，个个脱下了枯瘦的旧衣裳，换上更加精神、更加秀气的翠绿色。公园那冻僵的草地上，已经稀疏地冒出了一些鹅黄的小芽。远远望，一大片嫩得那么鲜亮。一群大大小小的鸟儿从树上飞出，一齐歌唱，是在歌唱春的美好，还是在默默享受春风拂面时一种无意的哼唱呢？春天，在这欢乐、和谐中慢慢生长。

　　走进一片树林，花儿送来最甜的笑容，露珠在草叶上欢乐地跳跃，每一丛灌木竟是那么可爱。被细雨沐浴过的蜘蛛网，在雨后的湿润空气中闪耀着金光。一阵微风拂过，托送来小草那清幽的气息，在你静静享受这阵阵清风时，它又悄无声息地慢慢溜走。参天大树，用它枝头的新叶撑起了一把绿色的巨伞，遮挡炽热的阳光，只留下幽静与清凉。这时的你心中只想做一件事：找一块空地坐下，用手抚摸细腻的野草，用眼细查每一片叶痕，用耳倾听一切虫鸣鸟叫，用鼻细细品尝雨后泥土的芬芳清香。

你听，春天，她那姗姗来迟的脚步近了……

雨夜的回忆

赖杰鑫

每个人都有独属于自己的回忆，回忆是一个人对过去的思念，对未来的纪念。回忆使我们更加珍惜身边的事物，发现这世界其实是多么美好，而独属我的回忆却停留在了那个雨夜的回忆……

下着淅淅沥沥的小雨，天是阴沉的，如我的心情一般的低沉、消落。我慢慢地走在回家的路上，想着那一张张"惨白"色的试卷，看着那一个个刺眼的红叉，那令人羞愧的成绩，也使我感到我的羞愧、我的消极。都是针，刺我心灵的针！期中考试我考砸了，想到家中的父母，仿佛怒火已经燃起，多么痛的领悟！我落寞地走在回家的路上，此时我并不想立刻回家，想要逃避，逃避这个已经成为现实的事实。此时出现了一个熟悉的身影，我的邻居———一位敬爱的老师。她发现了我，询问我为什么还不快点儿回家，我仿佛找到了一个树洞，一个可以倾诉自我的一个树洞，我将事情一五一十地告诉了她，她严肃地对我说："你错了，你不该这么放弃自己，并且如果我是你，我会立刻地回家，努力学习，发愤图强，为下次的'翱翔'做出十二分的努力，而不是像你一样，逃避这个现实，这是懦弱的表现。你应该像一个真正的男子汉那样顶天立地，而不是在这里垂头丧气，风雨虽然可怕但迎来的却是彩虹啊！"我的心灵得到了解放，我的心释然了！我飞快地奔回家中，接受父母的教育，以全身心投入到学习中去。

我经常去拜访这位老师，她教会了我许多小到作业问题，大到人生启示。这位老师在我的记忆中是一位和蔼可亲、平易近人的好老师，我们亦师亦友。

但是，天下没有不散的宴席。这一天终归来了。这位老师因为工作的原因即将到外地工作，就在分别的那一天她送给我一本精致的笔记本，恰巧的是这一天竟然如之前一般阴雨天气，我并没有下楼送老师，因为我并不想看到宴席散了的风景！我趴在窗台上默默地目送着老师的离开，看着那车子，一点儿一点地淡出我的视线。雨，停了风雨之后的彩虹出现了，只愿这片美丽的彩虹能够陪伴着老师的离开吧！

雨 中 春 景

潘　易

也不知为什么这几天天气突然变冷了，大概是所谓的"春寒料峭"吧，才下过一阵蒙蒙细雨，就令人不得不把脖子缩进衣领了。

此刻的公园，游客少了些，放眼望去，远处的山头早已被大雾遮蔽，犹如给它戴上了一顶银纱帽。水汽很重，轻轻地浮在半空中，把潮湿的地、苍白的天连在一起。江面看不见浪花，只听见阵阵清脆的有节奏的水声，仿佛是大海的潮起潮落。

公园的石板路被洗得一尘不染，庙堂香火飘出的烟夹杂着泥土的芬芳，草地上的一株桃树，在风和雨的洗礼下缓缓抛出她那粉红的花瓣，它们随风舞动，落入石板路旁的湖水中。好一个"流水淌残花"。

石板路两旁的参天大树还在落下最后几片枯黄的叶子，它们的枝头挂满了晶莹的水珠，翠绿的嫩芽也已冒出，这不是为夏天的生机勃勃做准备吗?

花坛中的花都躲起来了，它们静静地、贪婪地吮吸着春天的雨露，下一个阳光明媚的日子，又将万紫千红。

"春雨贵如油"，在这春天的恩赐里，谁都不想浪费这些甘露，就像那片草地上的不知名的小草，尽情地汲取这春天的精华。

又下雨了，路边多了些小水洼，水珠落下溅起层层涟漪，不断敲出春天的音符。

雨还在下，对岸的灯光渐渐亮起，透过重重迷雾，显得那么朦胧，好雨知时节，当春乃发生。随风潜入夜，润物细无声。黑夜悄悄地拉开了幕布。

我听到的一个故事

赵学彬

"哇!"婴儿的啼哭，响彻云霄。废墟中，一对母子被救援队员发现，婴儿粉红的脸蛋，抚平了队员们不安的心。一旁的母亲奄奄一息，脸白得像张纸。布满血丝的双眼注视着她的孩子，毫无血色的双唇微微翕动着，想要说点儿什么，干肿的喉咙却发不出一点儿声音。这微小的动作耗尽了她最后的体力，她支撑不下去了，头一歪，不省人事。她的手上，是密密麻麻的针眼，触目惊心……

2008年，多事之秋。汶川近旁的一个小村落，一座半新不旧的楼房中，一天，母亲正低头织着毛衣，一旁半岁大的孩子正酣睡着。窗外阳光炙烤着大地，一切似乎都那么的平静与和谐。殊不知一场空前的浩劫正等待着他们母子，等待着每一个汶川人。

毛衣织了一半，母亲起身活动着酸痛的胳膊和手臂。还未走到窗口，她就感到了房子剧烈摇动起来，茫然不知所措的她看向窗外，一幢幢房屋随着大地的摇动正在倒塌。惊恐中她空白的脑中闪现着两个字：地震！母亲转身飞奔着扑向孩子，在她触碰到孩子的一瞬间，"轰"！！！ 四层高的楼房轰然倒塌，下一秒，看似坚不可摧的楼房化为一堆废墟，尘土飞扬……

黑暗中，母亲惊醒过来，摸摸头，抚抚身子，万幸没伤着，她还活着。这是在哪儿？孩子呢？怎么就发生地震了？一阵孩子的哭声将她拉回了现实，母亲知道孩子饿了，她急忙摸索着找到身子下的孩子，赶紧将乳头送到孩子的嘴里。不一会儿，孩子吃饱了安静地睡着了。

一天一夜后，饥饿的母亲，奶水越来越少了。又熬过一天，孩子再也吸不到一滴奶。孩子饿得嗷嗷地哭着，母亲的手指无意间碰到了织毛衣的针，她就像抓到救命稻草那样激动起来。母亲毫不犹豫地用针使劲儿扎破了自己的手指递到了孩子嘴里……

就这样，母亲用自己的鲜血，让孩子活了下来。

好几天过去了，救援人员找到了她们母子俩。就出现了开头的一幕：孩子活下来了，满手针眼的母亲却已经死去。

这是我听到的一个故事，一个感人至深、催人泪下的故事。罗曼·罗兰曾经说过："母爱像巨大的火焰"，这位妈妈的血液就像是一团巨大的火焰在孩子身体里延续着……

谨以此文，纪念那伟大的母爱！

听奶奶讲故事

邓 彤

说起奶奶，我就不禁回忆起一株老榕树。弯弯曲曲的枝丫相互交错着，一层层苍老的树皮伏在树干上，静静地刻画着岁月的痕迹。一只白猫在老榕树下蹒跚，搜寻，随后又安然地在一个旧竹椅旁躺下。白猫偶尔会抬起头看看那些从榕树叶底漏下的阳光。然而，大多数的时候它只是很祥和地望着一些破碎的瓦砾，显得十分安静。以前，奶奶总是搬着一把大竹椅，坐在树下拉着我说故事。像是个永远不会停歇的留声机，不停地播放着她的往事。

从我记事起，奶奶就总拉着我的小手念叨着她的童年、少年、青年以及她的全部过去。可那时我还听不懂呢，奶奶说，我就笑着，她也像小孩子似的没心没肺地笑起来。可不知怎么，她的眼里突然盈满了亮晶晶的东西。

上了小学，奶奶依旧在我耳边念叨着，我却总是忙着功课，忙着玩乐。奶奶的故事，像是一阵又一阵吹过耳边的风，不知去向。

毕业考后的几天，我突然想要听听奶奶的故事了，她可高兴了，笑得像朵盛放的山茶花，开得娇艳欲滴。她一如既往地拉起我的手，缓缓道来。奶奶讲了一个星星的故事，故事里的这颗星星很孤独，孤独到就连坠落了都没有人知道。是因为它不合群吗？不是的，它的孤独，是因为周围没有任何一个人关心它。我望着奶奶，她的眼里好像住着一颗星星，她笑笑，像是想说些什么，却欲言又止。

突然有一天，奶奶的故事再也没有了，留声机停下来了，她眼睛里住的那颗星星，落下了。

奶奶和我说了好多好多故事，我听到的却只有这一个。这个故事是奶奶，这颗星星也是奶奶。是我，我的不在乎让星星掉落了。如果，我总是耐心地聆听奶奶的故事，那么她眼里的星星一定还在闪烁吧。

白猫还是喜欢躺在榕树下，偶尔发出一两声哀鸣。而奶奶早已化作漫漫银河里的一颗小小行星，无迹可寻。但我唯一听到的这个故事与奶奶一起，永远刻印在我的心里。

一个故事

周思婕

在生活中，我们经常听到许多新鲜有趣的故事，在这之中，有欢乐的，也有悲伤的。其中，有一个故事最令我有所感悟。

一个夏天的下午，阳光明媚，鸟儿在枝头欢唱，蟋蟀在草丛弹琴。一个十几岁的男孩儿正拿着刚刚收到的礼物——一把崭新的斧子，哼着歌走在林间小路上，望着斧子那闪着银光的利边，男孩儿不由得心生好奇："它到底有多利呢？不如试一试吧！"说干就干，男孩儿选中了一棵小樱桃树，用力地挥舞着斧子就往树干上砍去，只砍了几下，樱桃树便轰然倒下。男孩儿望着倒下的树，不住地轻摸着斧柄，心中既得意又满意。

正当男孩儿为锋利的斧子赞叹不已时，却突然发现自己刚刚砍倒的竟是父亲最喜爱的一棵樱桃树——这可摊上大事了！该怎么办呢？小男孩儿急得团团转，绕着砍倒的樱桃树走了一圈又一圈，刚才还放在手心里爱抚着的斧子转眼间就丢到了一旁，他急得满头是汗，心中进行着激烈的思想斗争："到底要不要承认呢？不承认，我就不是一个诚信的人；可如果承认，父亲一定会打我的！"一想到父亲生气时，那如狂风暴雨的样子，小男孩儿身体不由得抖了抖，心中越发犹豫不决，心中的天平逐渐倾向隐瞒事情的那一边。可还没等小男孩儿纠结出一个结果，远方传来一阵脚步声——是父亲来了！

小男孩儿下意识地把斧子藏在身后，装作若无其事，果然，父亲看见倒下的树，神情激动，脸都气红了，一声怒吼："谁干的？"传遍了整个树林，双手紧紧握成拳。过了一会儿，他渐渐平静下来了，双眼紧紧地盯着小男孩儿，严肃地说："孩子，告诉我，树是谁砍的？""我……我……"小男孩儿支支吾吾，心中既紧张又犹豫。他咬咬牙，把心一横，大声地说："是我砍的，树是我砍的！"说着便闭上眼睛，准备接受父亲的惩罚，可想象中的狂风暴雨并没有到来，父亲紧抱着小男孩儿摸了摸他的头，欣慰地说："孩子，你的诚实比樱桃树更宝贵！"这个小男孩儿，就是后来的华盛顿。

这个故事让我有所感悟，它使我明白，民无信不立，诚信值千金，诚信是一个人宝贵的精神财富，要好好珍惜。

妈妈给我讲故事

颜宏斌

我小时候，妈妈给我讲的一个故事，是那么感人至深……

那时候，她十分粗心，行为仿若一个男孩子，她的同学都十分排斥她，包括他们的父母，认为跟这种人交往会带坏自己的孩子。

所以，她总是十分孤独，只能在家里干活以寻找乐趣。

这种场面持续了好几个月，外婆再也看不下去了，她悄悄走进妈妈的房间，摸着妈妈的头，握着她的手，用坚定的眼神看着她，平静地对她说："要是想交朋友，就要改变自己，要改变自己，就要先从小事做起。"，妈妈一下子恍然大悟，眼神就像顽石一样坚硬，她点了点头，下定决心，一定要改变自己。

但是事情总不是顺应人心，妈妈还是有许多"恶习"难以改正，她再难坚持下去，决定放弃时，外婆走了进来，外婆并没有用批评责骂的方式来解决，而是再一次在妈妈耳边，与她讲着道理，给予了她更多关怀。妈妈再一次被激励了，心中的烈火再一次燃烧，是的，就在这种信念下"山重水复疑无路，柳暗花明又一村"，她完全变成一个淑女。这个故事，既让我震惊，也让我为这伟大的母爱而感动。

母爱是那么的温柔，她像一块丝绸，穿在身上是那么的温暖，母爱，她能让你度过严冬，看见温暖花开的春天，让你在困难的时候有坚定的信念，她又好似一条细水长流的小溪，无形之中就能洗刷你的心灵，在她的关怀下，谁不能健康成长呢？母爱，是那无形的力量，是那慈祥的笑容，是这世界上最伟大的爱……

这样的爱，被千万作家写入文中，被千万歌曲吟唱至今，被千万诗人高歌赞颂……

这件事真让我难忘

肖佳伶

天际阴了又阴，沉了又沉，最后还是伴随着低低的雷鸣下起了国庆的第一场雨。

上了车刷了卡，不大的车内充满着潮湿的空气，冷气有点儿高，暴露在空气下的肌肤起了鸡皮疙瘩。找了个靠窗的位置坐好，车身摇晃许久慢悠悠向前挪着，奶茶冰冷的触感蔓延了感官，没几站，车上便坐满了人。

"新华书店，到了——"伴随着机械女声，门开了，上来一个衣衫褴褛的拾荒老人。他提着一个大布袋子，军绿色洗得发白的外套和打着五六个补丁的松垮长裤，小麦色———接近棕色的脸上有着恐怖的皱纹与伤疤，戴着一顶绿色军帽，散发着一阵阵的恶臭。他有些窘迫地从破烂的上衣口袋里摸出若干一毛硬币，在司机不来耐烦的目光下依次投了进去。他缓慢地走向里面，两旁的人纷纷躲开，当他经过我旁边的时候一种无法言喻的恶臭钻入鼻腔，口里的奶茶变了味。

我吞了一口口水侧了侧脑袋去看拾荒老人，他似乎习惯了人们的冷眼相，将一麻袋的垃圾放在地上，自己坐了上去，车继续往前挪着。

于是我想着做一个好人让一次坐。可坐在我右边的一位阿姨察觉到我的意图后咳了一声瞄向我，眼里满满的嫌弃和抗拒，我第一次对人性的黑暗寒了心，可我却不得不去做。可当我打算起身的时候，一个约莫五六岁的小男孩儿却跳了起来，冲着老人喊道："老爷爷！过来坐！"话音刚落，小孩儿的妈妈便硬声呵斥男孩，男孩儿白皙的小脸带着不解："妈妈你不是告诉我要尊老爱幼吗？"妇人无言，只是缓缓地叹了口气。

最终男孩儿还是把座位让给了老人，而他妈妈牵着他快步下了车。我看见了男孩儿对拾荒老人露出了一个大大的笑脸，没有同情，没有可怜，只是理所应当，理所应当把座位让给老人，理所应当对不认识的人给予关爱，只是理所应当，理所应当。

老人走向了那个位置坐稳，车上的人一如既往地嫌弃。冷风裹挟着雨点洋洋洒洒透过窗户袭来，我看见老人嘴角的上扬弧度和眼角浑浊的泪水，车身继续摇摇晃晃，老人冷的是身，暖的，却是心。

那一次我追悔莫及

颜安然

自那阴沉的黄昏后，父亲的音容笑貌再也杳无音信，变得遥远而不可亵渎，湮灭在滔天巨浪中。

从此，我的脾气变得喜怒无常，望着以往的全家福，我会猛地把眼前的一切统统扫开；听着隔壁美妙的琴声，我会一个人莫名其妙地大哭一场。母亲也总是讨好我，无论自己再怎样荒谬无礼，她也绝没有半点儿怨言。

小时候，她喜欢带我去四周兜几圈，仿佛是为了能安慰我，要是前面有一对父女或一个小家庭走来，她会习惯性地走相反的方向，使得通常是绕到原地。

我不以为然，谁叫我天生缺少一份爱！

有时，她托着我轻轻地放到背上，像回忆往事般幽幽地说道："你还记得吗？父亲以前也是这么背你的……"她又猛地闭上嘴，一声不吭地走着。

这本是顺理成章，无可厚非，可那件事让我的态度发生了翻天覆地的改变，我不禁对母亲感到追悔莫及。

一个夜晚，凉飕飕的，我忽然被一个梦惊醒，迷糊间竟蒙眬地听到母亲难以抑制的悲伤：

"她还小，多少也明白了一些人情世故，看着从前和现在的她，我实在于心不忍。可这又怎么办呢？事情已成定局，再怎么空想也是镜花水月，自欺欺人罢了。如今我们能做的，只有尽力去弥补她，给予我最大限度的爱。"

我愕然了。

我可曾想到，在那夜深人静时，谁是你倾诉的对象？谁是你依靠的港湾？谁又是那个陪你到老的伴侣？

我不知道。

夜晚，一阵小声地啜泣充盈着我的耳畔，似针插入我的心。那一次，我真正的有生以来第一次意识到，我追悔莫及，不管是对于自己，还是对于母亲。

那一次，我真失落

吴佳芸

那是一个晴天，我满心欢喜地得到了它，可不久，我又是在一个雨天，失去了它。

那是一个风和日丽、万里无云的晴天，我遇到了它，它当时可落魄了，那小小的身体，黑白相间的毛色，它是一只小狗。它浑身湿漉漉的，在那里颤抖着，当然它也是饥肠辘辘。于是我来到小沟边，把它抱了起来，它好轻，好轻。想来是很久没吃饭了吧！我心头一揪，把外套脱了下来，把他包起来抱在怀里，这样他就不会冷了吧。

在车上时，我从未这么急切地想要马上回到家中。因为只有到家了，它就可以洗澡了，它就不会那么冷了，它就可以吃上饭了，它就可以睡一觉了……

终于，我们到家了，我飞速地把鞋甩掉，然后抱着它，飞似的冲进浴室，要是我校运动会上有这速度，我真能获奖了。我先用花洒把它给冲洗了一遍，又把沐浴露涂在它身上，最后再用手洗净了它身上的泥土。这时，我发现它身上不臭也没什么虱子，想必是最近才被主人遗弃的吧。不久，我帮它洗好了澡，我用吹风机将它的毛吹干。这不，才洗了一个澡，它就神采奕奕了，与之前简直判若两"狗"。从遇到它到现在，我还没仔细打量过它呢！瞧，它那双圆溜溜，好似葡萄般颜色的大眼睛，卷卷的毛，可爱极了！所以我一直不能理解为什么它的主人要把它丢掉。之后我把它带到客厅，看着它狼吞虎咽地吃食物的模样，瞬间我就心软了，我的心被这只小小的狗狗"带走"了！

过了几天，妈妈给我带来了一个噩耗——她要把狗狗送到宠物店去，起初我是不肯的，难道也要我变成那个抛弃狗狗的主人吗？可是它也不可能一直待在我家里。终于，在一个大雨滂沱的下午，我失去了它。那一次，我真失落。

后来我想了想：其实，有些物、有些事是注定要发生的，只是只要自己做的不违背良心，不愧对他人，那就不要去管结果了，过程开心才是最好的。

那一次，我真疯狂

田蔓菁

记得2017年的暑假，8月份的一个周末，那天艳阳高照。远处的蛙鸣声，近处的蝉声都听得一清二楚。

我家准备去厦门游玩，我和妹妹既激动、又开心。那一天早上准备好后，我们就很快地坐上去厦门的车，"嘀嗒，嘀嗒"，时间一分一秒地过去了，三个小时后就到了热闹繁华的大都市——厦门。

在厦门安顿好之后，我们简单地吃个午饭，然后安排好行程，休息到太阳快落山时，我们就提早吃晚餐，晚餐当然要去吃好的喽。我们吃得很丰盛，美味的牛排，可口的甜点，香浓的汤……每一样都香喷喷的。

第一站是去看马戏，观动物。因为我们要在马戏城玩一整天，所以要买些干粮，好填饱我们的肚子。到了马戏城，我们一个个像疯婆子似的到处跑，看看这个，瞧瞧那个。最难忘的要数冒险岛了，冒险岛上有三层楼高，必须十岁以上的孩子才能玩儿，看着十分危险，但我鼓起勇气，上去玩儿了一趟。身上要用铁锁固定好，还要拉后面的铁链，并且要同时保持平衡，那一次真是惊心动魄的一次旅程。还有会跳舞的河马，还有精彩的魔术，以及舞台剧白娘子传奇，空中飞人等。到了傍晚马戏开场了，里面有踩着高跷的小丑，会骑车的猴子，过后还有外国人寻游。马戏过后我们一行人一起去吃了厦门特色的——沙茶面，真是好吃得无话可说。

第二天早晨，我们起得很晚，可能是因为前一天的疲劳。吃完早餐后，我们开始了第二站——去园博园滑草。从几米高的草坡滑下来，那叫一个惊险刺激。玩好几次都不过瘾。下午三点后我们就坐车来到观音山水世界玩，这是我们的第三站。那次真是再刺激不过了，从超大超高的水滑梯上滑下来，从几十米的高台激流勇进。

这几天的旅行真疯狂，我会铭记很久的，那一次，我真疯狂。

任性的代价

黄思予

如果说成长是一本空白的图画册，那么成长中经历的事就是画册中那些五彩斑斓的图画。

那天，我本来是要跟奶奶去大伯家吃饭的，可是因为玩一个兔毛绒玩具入了迷，又加上之前和奶奶闹了些矛盾，所以无论她如何拖拽，我都死活不去。甚至还说："要么把玩具带走，要么我不去！"听到我这么说，奶奶更加生气了，一把将我手中的玩具夺过，随手把它扔在了床上。之后举起她的大手，狠狠地往我屁股上打了两下。疼痛随着内心的委屈一起涌上，"哇——"的一声，我哭了出来，奶奶似乎不耐烦了，把我"拖"出了家门，我感觉自己的胳膊要被扯断了。一路上，我尽力撕扯着自己的嗓子，将自己内心的委屈宣泄出来。过路的行人纷纷以一种奇异的眼光看着我们，奶奶这种好面子的人自然受不了，小声说："怎么会有你这样无理取闹的孩子！回去就好好修理你！"到了要过马路的路口，大家都静静地等待着红灯。我左看右看，发现没有车经过，我的内心便产生了一种大胆的想法：我要自己穿过马路然后一个人回家。于是我挣开奶奶的手，不管不顾地向马路对面奔去。可就在我即将到达马路对面时，随着一声急促的刹车声，周围的一切都陷入了黑暗。

像过了几个小时似的，我勉强睁开了眼睛，发现自己躺在原来的地方。我感到自己口中有沙子，便努力往外吐着口水，我想动却动不了，像是被什么压着似的，我敢说我那时的样子狼狈极了。周围群众的惊叹声和我脑中的嗡嗡声此起彼伏，这使我感到头晕目眩，我再次晕了过去。当我再醒来时，我发现自己躺在医院的病房上。身旁的妈妈看见我醒来后，眼圈红红的，问我："感觉好点儿没？"我发现自己说不了话，便没有回答她，而是点了点头。而且我感觉自己浑身酸痛，脸也火燎火烧地疼。接着，妈妈把门外的爸爸叫进来，看见我这样，爸爸叹了口气，说道："那天你被车撞倒后，你奶奶便心脏病突发，昏了过去，不过还好，现在已经没什么大碍了。"然后又说道："你们祖孙两个人真不让人放心！"顿时，我心中的愧疚感油然而生。在医院修养了几天后，我终于可以出院了。

那场车祸造成的后果是，我的右脚脚腕变形了，会影响我今后的正常走路，走起来会有点儿跛。不仅如此，这件事还给我造成了心里阴影，而肇事司机应给的补偿，也一直没给。出院那天，天灰蒙蒙的，我还不能走路，所以是爸爸抱着我上了出租车。坐出租车回来时，我从后视镜中看见了自己那张"丑陋"的脸——两边脸颊均有一大块被擦伤的痕迹，特别是左脸，因为涂了蓝药水的缘故，那一大片触目惊心的"红色"被覆上了一层深蓝，看起来恐怖极了。况且有的地方因药涂得太多的关系，还变成了黑色！这与一个小女孩儿原本白白嫩嫩的皮肤形成了鲜明的对比。从这件事之后，我再也不敢横穿马路了，即使是绿灯只剩几秒我也不敢抢时间冲过去。这件事，让我明白了任性是要付出代价的！

创新无处不在

杨咏成

我们这个文明世界是多么美丽啊！而这种美丽是一代又一代伟大的人的创新所创造的。爱迪生发明了电灯，瓦特发明了蒸汽发动机，贝尔发明了电话，西门子发明了发电机……各种名人用自己的智慧造福了人类。不只是智慧，他们还有创新的思想。

创新不是什么至高无上，它是非常简单的。第一个去做，第一个去想，你就完成了创新。以前，人们总是认为1+2=3，但爱思考，爱创新的陈景润却得出了1+2=1的理论。是他算错了？不，他说的很对，他所谓的"1"是某个质数，"2"表示的是某两个质数的乘积。他的创新，史无前例地得出了"陈氏定理"而被人们歌颂。创新是要第一个迈出那一步。在课堂上，一道应用题大家都用同一种方法，而你却想到了另一种独特的解法，那就是创新。大家可能刚开始不太接受你的观点，你的解法，但只要你的方法是行得通的，总有大家接受的那一天。伽利略明知道亚里士多德在大家眼里就是真理，但他还是做了铁球的实验，推翻了亚里士多德的定律，尽管一开始被人嘲笑。但你的创新只要是正确的，证明给大家看，你就成功了。伽利略只是推翻了亚里士多德"一个铁球是另一个铁球的十倍，那它降落的速度也是另一个铁球的十倍"这一个小定律，在后世，别人的创新也将他"不管多重的两个铁球落地速度都是相等的"这个从亚里士多德手里争夺过来的定律给推翻了。科学是严谨的，是需要不断创新的，而每一次创新都是对前一次创新的刷新。

　　创新无处不在，不仅是科学，在生活中也需要它。学生们在学习上也要创新，要有自己的学习方法。不能死记硬背，有哪些方法可以在不作弊的情况下使学习事半功倍，这都需要创新。我就摸索、创新出一个背书方法：大声朗读，每一段重复读他个三四遍，在声音和重复双管齐下的作用下，背书自然得心应手。有时候创新能让我们达到一个更深的层次。家长也是需要创新的。传统的教育方试来对付新世纪的孩子肯定是不靠谱的，而且随着时代的发展，手机电脑层出不穷，这时候就要用到创新了。家长可以创新，使自己的教育方法和别人截然相反。人家不听话用打，我们用妥协。外国有个父亲教育孩子的"招数"令我敬佩。孩子因和别人玩不好而生气，欲拿砖拍死对方。父亲非但不阻止，反而赞成。父亲走向房间，拿出好几套衣服说："如果拍伤了，赔钱，要是拍死了，可能要坐牢，我在给你准备衣服。"儿子一听，立刻将砖头丢掉："不拍了。"这种教育方法是父亲的创新，这个父亲是个教子有方的好父亲。

创新如此好，会让人们陷入一个误区："这么好的东西，肯定很难吧。"如果你这么想，我要否定你。创新非常简单，甚至在玩乐之中都能完成创新。1674年，一个爱玩的荷兰人列文虎克，将自己磨制而成的简陋的几块放大镜叠加在一起，做成一架当时最"精致"的"显微镜"。列文虎克用它去观察污水、水槽，发现里面竟然有些蠕动的小圆点，他成了第一个发现微生物的人。他的创新，将几个放大镜叠加在一起，发现了微生物，做出了大贡献，玩出了大名堂。这就是创新。只要你想到了别人没想到的方法、玩法、理论……你就完成了创新。

今天，我们这个美丽的文明世界，就是创新所创造的。生活中创新无处不在，这都需要我们去思考和发倔。

读书伴我成长

潘茂才

从小时候到现在，从以前懵懂无知到现在的知识丰富，我的生活就好像穿梭在一张一张的书页中。

刚开始看书是在两三岁的时候。爸爸会读一些童话给我听，充满了天真和美好。正是这些简单的童话，教给了我做人的道理，像《龟兔赛跑》就告诉我：做事要一口气做完。

长大一些了，我能自己看书了，就喜欢看有图的书。比如说《幼儿古诗》，上面配的图，让我很好地理解了诗的含义，加之我天天翻看，里面的诗大多都能背下，含义也略懂一些。如《悯农》就是写劳动人民劳作的辛苦之情。

上了小学，我拥有了第一本百科全书。我对它爱不释手，在书中不断汲取知识。它就像一场知识盛宴，让我初步认识了地球上的一些东西。

到了三四年级，我阅读的兴趣开始转移，从科普类转移到了文学类，开始看中外名著。除了《红楼梦》没看之外，其他的都看完了。我感触最深的是《水浒传》这本书。它讲的是梁山泊一百零八位好汉惩恶扬善，突出了北宋末年朝廷腐败，奸臣当道，民不聊生的社会背景，让我对善和恶有了更深的体会。

珍贵的东西都是慢慢成长的。这些宝贵的知识、品德，不是一朝一夕就能得到的。它要经过时间的熏陶以及自身的努力付出才能得到。读书，是获得它的唯一途径。黑发不知勤学早，白首方悔读书迟，我要抓紧时间，趁少年时光，多读书，才能造就一个高尚的心灵。

086

断尾求生

黄 易

日落西山，天色已晚。我关上乒乓球室的门，准备回家。突然发现，门缝中有一个很小的灰色脑袋，它圆溜溜的小眼睛看了我一眼，随后消失了。

再次遇见它，是第二天了。我俯身捡球时，小壁虎正静静地蛰伏在角落里，身上的颜色几乎和那堆灰尘融为一体了。它的个头不大，皮肤呈灰色，很有弹性的样子。四只小爪上有清晰的纹路，可能更有利于攀爬吧。最引人注目的是它长长的尾巴，几乎快赶上它的身长了。它一动不动地伏在地面上，叫人看不出这是一个生命体。

我悄悄地试图进一步靠近，它却猛地一蹿，甩动着长尾巴跑开了。我当然不甘放弃，继续围追堵截，终于把它逼到了墙角。以为它无处可逃，我伸手便抓，它却如履平地般爬上了墙，却被我另一只手逮了个正着。生怕弄伤它，我小心地将它捏起，这小东西似乎吓坏了，拼命挣扎着，尾巴和四条腿都在不停地扭动。

于是，我轻轻地将它放下。不出所料，一接触到地面，它的四条腿就快速地扑腾起来。我想吓唬它，便用脚在周围来回地踩，一边还提防着不要伤着它。果然，它吓得四处闪躲，试图逃离我的"魔掌"。这时，意想不到的事情发生了：它的尾巴突然断了！只见那条断尾还在地上跳动，而壁虎却已经不知跑哪儿去了。我拎起断尾细细观察：断口是绿色的，没有血迹；更为奇特的是，明明已经脱离身体，却仿佛还有生命似的在跳动着，这，真的能吸引猎食者的注意力呢！

我忽然明白了"断尾求生"这个词的含义。生的欲望是强大的，无论在多小的生物身上都能看到。为了生命，壁虎都肯牺牲自己身体的一部分，我们又有什么理由不珍惜生命呢？

走过那个拐角

德莱塞说过，和睦的家庭空气是世界上的一种花朵，没有东西比它更温柔，没有东西比它更适宜于把一家人的天性培养得坚强、正直。我想，是爱成就了它。父母的爱有时是无言的，但你却能深刻感受这份爱的轻重。而我们怎能轻易轻视这样一份伟大的爱呢？我们要做的，应该是给予更多的回报。

走过那个拐角

林念怡

　　夜，渐渐织上了天空。些许星星散发着微弱的光芒。当我快步走出校门时，手表上的指针已停留在"六"上。这一天，我回家晚了。

　　这天放学，老师叫上我和几个同学去办公室批改作业。时间在红笔的挥动之下一点儿一点儿地过去，当我们走出办公室时，天色早已黯淡。有些寒冷的秋风轻轻拂过脸庞，这么晚回家，一定是要挨骂了吧。和同学们告别后，我独自踏上了回家的路。

　　走在路上，身边不时飞快地驶过几辆车，万家灯火映入眼帘，心中却浮现出父母严峻的脸。想到这，步伐又逐渐慢了下来。人行道上除了我外空无一人，这般的凄凉感，仿佛加重了书包的重量。我那颗回家的心，不知为何悬在半空中漂浮不定，摇曳着不停。

　　就在我忐忑之际，一个熟悉的身影映入眼帘，是父亲。令我惊奇的是，他的脸上却并未出现一丝一毫的严峻、生气之意。反而有一种焦急过后的欣喜。我向父亲奔去，心中五味杂陈，兴奋、犹豫与后悔交织在一起，一齐涌上心头。父亲什么也没有说，牵着我的手回家去了。

　　到了家，母亲早已将热腾腾的饭菜端上桌，脸上依旧洋溢着她温柔亲切的微笑。饭桌上，他们没有一声责骂，而是把责骂放进爱与呵护，化作一声声嘘寒问暖。如此这般的爱，让我的心里像是照进一缕灿烂的阳光，无比温暖。

德莱塞说过，和睦的家庭空气是世界上的一种花朵，没有东西比它更温柔，没有东西比它更适宜于把一家人的天性培养得坚强、正直。我想，是爱成就了它。父母的爱有时是无言的，但你却能深刻感受这份爱的轻重。而我们怎能轻易轻视这样一份伟大的爱呢？我们要做的，应该是给予更多的回报。

蚂　　蚁

周　彤

夕阳如血一般红，树在风中无力地抖动着他们那一身如染了血似的枝叶。战场上，面对强大的红蚂蚁军团，黑蚂蚁几无还手之力。无数黑蚂蚁的尸体倒在防线上，夕阳把那最后几缕血光洒在了他们的身躯上，像是盖上了一条条血红的"红毯"。

红蚂蚁早已一个接一个地进入了巢穴。可以想象它们在里面为所欲为，想杀就杀，想抢就抢的场面是多么恐怖。想到这里，在一旁的我不禁闭上了眼。但正当我睁开眼时，一团"黑旋风"就在我眼皮底下飞出了巢穴。

它的速度飞快，像是已经瞄准了的炮弹，径直往红蚂蚁最少的地方冲去。我定睛一看，这个"黑旋风"原来是一只只黑蚂蚁以一个中心裹起来的"肉球"！那肉球瞄准一个地方一撞，顿时红蚁群四溅，可是黑蚂蚁也掉下来许多。我看见，红蚂蚁像发了疯似的，向那些落单的黑蚂蚁猛地一扑，便把那些可怜的黑色家伙淹没了。"肉球"就这么一撞一撞地"跑"，跟在后面的红蚂蚁杀红了眼，把那些黑蚂蚁一个一个地杀了，场面惨不忍睹。可是，在黑蚂蚁的努力之下，它们还是成功逃脱了。本来挺大的一个球现在却只剩下了一半。残留下来的蚂蚁慢慢散开，昏头昏脑。而另一头，红蚂蚁们仰天怒号。

一个问题从我脑海里跳了出来：这群蚂蚁为什么要以这种方式逃脱呢？如果它们一个一个分散地逃，不是可以减少伤亡吗？这一切，在几秒后便得到了答案：肉球慢慢散开，慢慢露出了中心。这是谁？大大的肚子，黑色的肤色……这，不就是蚁后吗？这不是那连走都走不动的蚁妈妈吗？

所有一切，都在最后一个场景中得到解释。顿时，我热泪盈眶。蚂蚁这种软弱、微小的生命，竟然有这么强大的信念。假如是我，我可以做到吗？可以像蚂蚁一样，想都不想的做出决定吗？"可以吗？"我在心里问自己。很明显，我犹豫了。可是蚂蚁，这种小到平时连看都看不清的昆虫，为了救它们的母亲，竟然能够毅然投入护送，不顾生命……

蚂蚁，这种小小的昆虫，竟然有如此强大的力量！

玩　偶

郑　煜

一个喜爱玩偶的人，身边怎能不会有几只心爱的玩偶呢。

那是今年上半年的事了。

家里最近很热闹，经常会陆陆续续有客人出现，他们是来看房的，从爸妈的口里我知道，家里这是要卖房了，卖了这个住了七年之久的家。

大概两个月后，据说是已经签订了合同，现在已经开始要准备收拾东西搬家了。整理衣服的时候，我发现了许多堆放在角落的娃娃。看，那个身上有着love标志的白色兔子，我对它记忆挺深刻的，并且也很喜欢它，因为那是去年我送我爸的生日礼物。

一个大男人，收到一个兔子玩偶的生日礼物，怎么样都是很独特的。特别是这个玩偶还是花了二十多块钱从夹娃娃机中夹到的。后来，我爸意料之中地收下来了，然后后面几天也不出我意料的变相把它送给了我。

突然，我看到了一只放在书柜上的红色娃娃。将它拿下来，已经有些破旧了。这是一个红色的米老鼠吧，时隔多年，我已经把这只玩偶尘封在心底的某个角落。

再次见到这只玩偶，我以为我早就把它忘却了，实际上并没有。

看着它脚踝上的那两个花色蝴蝶结。

　　我还记得，这是我小时候有段时间沉迷给娃娃做衣服时做的。那个时候光是为了那蝴蝶结里的棉花我就费了好大的心力，甚至最后缝的时候还因为不熟练被针扎了好几次。不过还好，我坚持做好了。并且因为被扎了多次之后我就开始训练自己，即使现在还不会特别使用，却至少不会再扎到手了。

　　身为一个喜爱玩偶的人，怎么可能不会有几只心爱的玩偶呢。就像那只兔子，它看起来很可爱，而且它还代表着我一些特别的回忆；再比如说那只米老鼠，都说时光不会倒回，那我童年的回忆，也只能从身边一些事物去回忆想念。

　　有的时候生活中总是会有一些被自己所忽略的东西，也许当你多年以后再见到它，你会从中发现与自己现在相比较的成长。

094

夜　舞

许　哲

　　当身处暗夜，身处无助时，你需要做的，只是为自己而舞。

　　　　　　　　　　　　　　　　——题记

　　夜，悄悄地降临了。忙碌了一天的鸟儿们，在愈发黯淡的的黄昏的陪伴下向家的方向赶去。远方的球场上，那个男孩儿，却依然在飞奔。早上同学们的嘲笑依然在脑海里回荡。一次次的希望，一次次的破灭。夜幕的风衣最终放了下来，笼罩了世界。整个世界，似乎只剩下球场的一点点灯光。

站在这黑暗世界里唯一的光线里，他犹豫了。到底要不要再坚持下去？坚持，也许永远也不会成功；放弃，之前的努力将化为泡影。球场的灯光照在他的身上，投下一片巨大的声影。往日里同伴的嘲笑又在耳边响起。不，我不能放弃，我要坚持，属于我的朝阳必将在夜的尽头——黎明升起！他再次拾起篮球，脚步坚定地冲向篮筐。一次，两次……。耳畔的嘲笑声，已然成了他前进的狂热音乐，空无一人的球场，成了他独自一人绽放的舞台。他仿佛成了一个舞者，在偌大的舞台上演绎着信念之舞。虽一次次的失败，但他坚信，成功必将生于那一缕舞动的希望中！

不知已为何时，在篮球划过天际，画出一道美丽的抛物线，正好落在漆红的篮筐中时，那个男孩儿，在那宽大的"舞台"上，露出了胜利的笑容……

095

我与病痛的较量

肖佳伶

春天如约将至，提着大摆裙，露出一抹艳丽的笑容，同时，也带来了久违的"噩梦"。

胃痛总是说来就来，不论什么时候，什么季节，什么场合，如

"死神"般，手握银器侵蚀着那根脆弱的神经。

眼前是白花花的试卷，密密麻麻的英文印在上面，这科目对我来说并不苦手，可不知怎的，拾起笔准备写下答案的同时，胃便开始隐隐作痛，像是无数细小的蚂蚁攀附在上面，随着时间的流逝一点儿一点儿撕咬着那从小便脆落的胃。听力测试才开始了一半，对我来说却仿佛过了一个世纪，痛苦难耐。

大脑空白之际，一段不知什么时候在书上看到的话出现在眼前：痛苦是敌人，要打败它，而不是怕它。仿佛拨云见日般，一种从未想过的念头浮在心头，努力让自己的注意力转移到那听力题中，咬牙、再咬牙，意识分为两股，一股专心做题，一股抄起武器大吼，一步、二步、三步做二步冲上前去，对着名为"胃痛"的小人拳打脚踢，使出十八般武艺试图赶走那可恶的小人。

一番苦战难耐的痛在听力部分结束的那一刻有所好转，仿佛雨后彩虹吗，又仿佛春姑娘驱走寒冷带来温暖的那一刻，身心无比放松。直起身子再次咬了咬发白的唇，像获得新生般提笔，熟练地写下一串又一串字母。

笔试部分刚动笔不到十分钟，不详的预感再次悄悄爬上心头，似"死神"来临前的呼唤，又似怪盗窃物前的一封预告信。忽闻一阵朔风吹过，不安分的手再次抓住了胃，不留余力地狠狠掐紧，指甲嵌入，青筋暴起，疼痛如毒蛇，飞快地穿梭于骨肉，渴望向最深处探去，渴望让我的精神如危房般倒塌。

早已汗流浃背，四肢无力，好像是屋外的春风为我加油鼓劲，学习的热情终是由一盘散沙进化为高耸的城墙，宁死不屈也要打败胃痛的意志带着那炙热人心的温度，紧紧地、紧紧地包住那脆弱的神经与早已成风中残烛的心、胃。一股莫大的力量包围着我，在驱使着我的手，写下一串又一串的英文字母。

在响铃的那一刻，我顺利完卷与好友出了考场，凉风迎面吹拂，能看到落叶在空中飞扬。

细小的尘埃钻进鼻子，打了一个大大的喷嚏，手一抹全是汗。

我却觉得这汗流得值。因为它让从小如此懦弱的我，第一次独立面对困难的降临，第一次，让我的心得到了充分的成长。

嘿，疼痛。告诉你一个秘密——这场较量我胜利了。

下乡的"酸甜苦辣"

刘　羽

盼星星，盼月亮，终于盼来了一年一度的下乡——社会实践活动。这一次也是我们的最后一次下乡了。

我的心情十分激动，一大早就起床了，我怀着激动的心情带上行李就来到了学校。这一次是三年级、六年级去下乡。过了一会儿我们就上车了，大约过了十几分钟，我们个个都带着满怀的好心情，抵达了目的地——大湖社会实践基地。

到达基地后，我们"酸甜苦辣"的生活正式开始了。

酸

下乡离开了最亲爱的爸爸妈妈，离开了无时无刻的爱，离开了温暖舒适的家，心中都会泛起对家以及对家人的思念，心里有点儿酸酸的。

甜

　　我从来没有做过陶艺，在下乡中我体会到了做陶艺的乐趣。在上陶艺课前我心中十分兴奋、好奇。开始上课了，上课的教官给我们每一个人都发了一个半成品的盘子，准备让我们制作釉上彩的瓷器。开始动手了，教官给我们发了笔和墨，准备开始画。大家都画得非常认真，画得非常好，都期待着烧出的作品非常棒。到了最后一天，作品烧好了，我拿到了自己的作品后，心中有点儿甜甜的、说不出的感觉。

苦

　　来到了下乡军训的地方当然少不了站军姿了。

　　"全体同学站军姿五分钟。"随着教官的一声令下，同学们马上立正站好，把双手紧贴大腿两侧。每一个同学都站得十分端正，就像一位真正的军人。但是才过了一分钟，大部分的同学都松懈下来了，只有个别同学还在坚持着。两分钟过去了我坚持不住了，也有点儿松懈下来了，但仍然保持着，在这个时候我才深深感受到了度秒如年。我的腿十分酸，一直期盼时间快点。终于五分钟到了，教官喊了一声"坐"，此时我觉得这个"坐"字是多么亲切啊！

辣

　　乡下的天气十分的冷，冷得人瑟瑟发抖，还有的人感冒了，我们在这样的环境下，坚持了下去，真不容易！

　　小学的最后一次下乡，在许多难忘的记忆中结束了。

"吃货"二三事

黄靖雨

　　我，生来就是吃货。"百事吃为先"这句话就是我的座右铭之一。

　　俗话说得好"人是铁，饭是钢，一顿不吃饿得慌。"这句话仿佛就是为我而说的。

　　每天早上，起床后，饭总是没扒两口就要去上学了，我只好一边嚼着鸡蛋，一边伸左手抓两三片面包，右手再拿一盒牛奶，以备路上吃，奶奶也会叫我多拿些，不然上课会饿的。可是我吃得快，消化得也快，手上东西吃完走到学校就消化干净了，但凭借我强壮的身躯还是熬过了一个上午，就是肚子不听话一直在"抗议"，"咕咕"地叫个不停。终于等到放学了，我提起书包就马不停蹄地跑回家。一到家，将书包一扔便飞快地向饭桌扑去，吞一口饭，咽一口菜的，不一会儿饭桌上就呈出风卷残云的迹象了。妈妈从厨房出来时手上还端着一盆汤，抬头看她就是一副目瞪口呆的神情，"这就吃完啦？"。从这以后我"吃货"的外号就在家里传开了，我真是"哑巴吃黄连，有苦说不出"啊，我只是比一些人能吃了一点儿，怎么就成吃货了？何况我在长身体呢。

　　还有每次去舅舅家，舅舅一看到我第一句话就是"呦，'吃货'

来了呀"不然就是"唉,'吃货'来得正好,我还有零食呢。"说着就拿出零食给我,虽然我也很没骨气地接过来,找块好地儿坐下就撕开包装,也不管他们讲什么,就专心致志地与零食做"搏斗"。但也就这样不能叫我"吃货"吧?

哎,我是招谁惹谁了,被冠上个这么外号啊!

这就是我

陈　煜

嘿,大家好,我叫陈煜,我的"煜"偏旁是"火",可能是我缺火吧,现在已是初一的学生了。我的个子不高也不矮,一米五七米,一头乌黑的头发,头发下面嵌着一双葡萄似的小眼睛。

一路成长,一路希冀。我有许多的爱好:打乒乓球,羽毛球,跑步,听歌,阅读……我有两个理想:一是考入一所自己梦寐以求的大学;二是成为天天快乐的人,每天课余时间做些自己喜欢做的事情。

记得以前同学都说我是"二乐主义者"。

第一乐,"助人为乐主义者"。班里有的同学学习遇到了困难会来找我,与我一起讨论说:"煜煜,这题怎么做呀?""煜煜,笔记借我抄一下……"我一下帮这儿,一下帮那儿,真是忙得不亦乐乎呀!谁叫我这么热心呢!这就是助人为乐的我。

第二乐,"知足常乐主义者"。刚上学的第一天,我抱着害怕的心理走进新的教室，新的集体，我害怕自己交不到朋友。谁知没有几天我就交识了好几个朋友。记得有一位高人说过"高山流水知音难觅"。可我不这么认为，我知足了。记得六年级的英语模拟测试，不可思议的我居然得了一百分，这是六年级以来英语第一次得满分，平常都是在满分前徘徊着，我心满意足，会心地笑了，因为我进步了！

这些快乐就像我心里埋藏着一颗永不化掉的糖，让我每天都这么的美滋滋！这就是我，一个快乐的我，一个开朗的我。如果想和我交朋友的就来找我吧，名额有限哦！

心 的 港 湾

陈　焓

两处春光同日尽，居人思客客思家。

——题记

家是什么？也许是大雪纷飞的寒冬中亮眼而清新的春色；也许是遭受挫折与冷落后获得慰藉的心灵诊所；也许是远航数千海里的航空母舰获取补给的母港，抑或是在荒漠上的漫漫长夜中艰难跋涉的人们向往的暖房……家，是心的港湾，是所有梦开始和结束的地方。

我有一个民主自由的家。我们一家三口，常会聚在一起讨论各种各样的问题。我们先针对事件发表观点，各抒己见，再集中起来一起讨论。偶尔也有发生分歧的时候，三方各执一词，大家展开友好而激烈的辩论。每次聚集在一起讨论问题，都进一步增进了我们之间的亲情。

我有一个团结协作的家。每逢周末，我们一家人就会一起做一顿晚餐。我们配合默契、各司其职、分工有序，厨房一下子变得热闹起来，大家都忙得不亦乐乎。爸爸负责切菜、准备食物，由妈妈掌勺，我则给他们打下手。当一盘盘香气四溢、色味双美的饭菜端上已被打理得井井有条的餐桌时，三个人都会觉得特别有成就感，因为这是用我们的汗水凝结成的智慧结晶和劳动果实。

我有一个温馨和睦的家。我们很喜欢一起去看海，海是自由的象征，更是心灵的寄托。茶余饭后，我们经常手牵着手，在海滩上悠闲地漫步，看着红日从海平面上落下去，皎洁的明月从西天升起，映得海面波光粼粼，只留下一抹转瞬即逝的余晖和大片金色的火烧云。

这就是我的家。今后，我将乘着人生的小舟，在梦之河中漂泊，离这心的港湾渐行渐远。但命运注定，必将有一根细丝将小舟与港湾连接起来，在无边无际的险恶波涛中给予我力量与信心。

只因，家是心的港湾。

苦　趣

陆　正

厨房里洋溢着阵阵药香，阳光透过窗户射进房间，照在煎锅上散成了缕缕金色的光芒。第一次喝姜汤的我，正好奇地望着群烟缭绕的厨房。

看着妈妈把汤端上，我立刻抓起碗就往嘴里送。顿时，一股令人说不清的辛辣与苦涩立刻充满了我的嘴巴。"扑哧"一声，我条件反射地吐了出来，毫不隐藏地把满嘴的苦吐露在脸上，急着要喝水。妈妈早已把一切看在眼里，她微笑着递过水来，说："姜汤可不能这样喝，要一点儿一点儿喝，才能感受出它的'真身'。"

我猛地灌了几口水，听了妈妈的话后，怀着谨慎的心，按妈妈的说法喝了一小口。舌头上的味蕾真实地给了我三个字：还是苦！我皱着眉头，硬是咽了下去，正想问妈妈怎么回事，一股淡淡的清香竟在喉咙处悄悄地氤氲开来。仿佛那不是从姜汤里溢出来的，而是独立生成，油然而生的另一种味。如同身处一个个悠悠仙境，耳边响起了鸟鸣，鲜花送来阵阵芳香，缕缕阳光洒在我身上，暖暖的真是惬意。这滋味令人陶醉，令人惊叹，也令人向往。和先前的苦辣完全不同。我惊奇地又细细品了几口，那味道居然开始在我嘴里跳起了舞蹈！

姜汤这东西竟如此神奇！荡漾在苦与甘的境界里，我慢慢地品出了一种"味"。在人生这条风雨交加的世界里慢慢前进，有泪，更多的是苦。黎明也许在很远的远方，但回首望一望走过的路，望一望走过的一个又一个脚印。你会猛然发现，一种淡淡的甘甜，开始在你心中开放。最终它将支持你走过黑暗，迎接光辉的黎明！

学会品尝苦味，它能让你油然而生一种幸福，让你在人生这条路上走得更远，更远……

人生有味

杨咏成

> 人生之路是被五味罐铺撒而成的，每个路段都有各自的风味、韵味，而这就需要我们用心去体会。
>
> ——题记

酸

一次课间，我接到老师通知，下一节数学课改电脑课。跑回教室，向大家宣布："下节改上电脑课。"话音刚落，班级立刻沸腾起来。瞧，有的人跃到桌子上不时"噢……"地叫，有的则热烈鼓掌，有的虽然表面平静，脚下却嘎哒哒地跺个不停……同学们将喜悦"施加"在我身上，将我托了起来，当时我的心里美滋滋的。可当数学老师像往常一样走进教室时，全班再次沸腾。"唉，空欢喜一场。""都怪杨咏成乱报消息。"大家将矛头都指向了我。我鼻子陡然一酸，几滴泪珠浸湿了书本的一小部分。刚被同学热烈托起的我似乎被砸了下来。"停！刚刚临时改了消息，不怪杨咏成。"老师发话为我挽回了面子，帮我稳住了局面。我心中仍不是滋味，酸意绵延。

甜

记得有一次，学校带领着我们来到敬老院看望那些孤寡老人。我们给他们带去花束和歌声。虽然我们的到来只是给他们漫长人生放上一首小插曲，但他们确实开心、喜悦了不少。看着他们那甜甜的笑，我的心里也甜甜的。帮助他人，快乐自己。乐，永远是甜的。

苦

由于要参加奥数比赛，而且时间又短，除了在老师那训练，在家里我更是努力万分。一本三百多页的奥数书三天就看完，加上一天做十几页习题，总之准备这几天我身心疲惫，苦上加苦。终于去比赛了，付出了这么多总该有些回报吧？可是奥数竞赛我却名落孙山。本来练习时就苦不堪言，这回心中就像吃了黄连一般，极苦。

辣

跟爸爸妈妈一起上街是多么难得啊！周末，我牵着父母的手逛街。出于兴奋，我左跳跳右跑跑，活像只猴子。爸爸看不下去，训斥了我一顿："走路好好走！否则下次不带你来了！"正所谓爸爸吼吼，地球抖三抖。如此大声，令我面红耳赤，脸上火辣辣的。

生活中，就如酸甜苦辣，有顺境，亦有逆境。"在逆境中成长能学到更多"这句话不就是最乐观接受生活，并理解生活最透彻的话语吗？

感恩生命中永不干涸的暖流

陈文君

"谁言寸草心，报得三春晖。"这是诗人孟郊笔下对母亲那深深的感激之情，我也曾想过用文字去表达那份深厚的情感，可总觉得眼前的语言是那样苍白、无力。尽管这样，我还是希望用心去写！

那是一个寒冷的冬天，我和妈妈走在去往学校琴房的路上。妈妈每天都是这样陪着我去练琴，但今天似乎格外的寒冷，当我们路过那空荡荡的操场，凛冽的风放肆地在耳边呼啸而过，像刀子一般划过我的脸，我哆哆嗦嗦地低着头。就在这时，我眼前仿佛出现了一个黑影，我猛地抬头一看，原来是妈妈。她走在前面为我挡着风。我心疼地问："妈，你不冷吗？"可妈妈却转过头用冻僵了的脸挤出一个微笑说："傻孩子，妈妈穿得多，不冷。"可我分明看见妈妈的脸被冻得通红。我顿时感到一股暖流从心底里涌出，蔓延到我身体的每一寸肌肤，湿润了我的眼睛。往事一下子浮现在脑海：在我被烫伤时，妈妈日日夜夜地守候；在我学琴时，妈妈风雨无阻地陪伴；在生活中，妈妈无微不至地关怀。妈妈为我付出了这么多！而我能用什么报答她呢？我多么希望自己能快点儿长大，有足够的能力给妈妈幸福的生活，在她需要时为她遮风挡雨。

直到有一天，我才发现感恩与年龄无关。那天中午，我和妈妈像往常一样吃着午饭，不知道妈妈突然想起了什么，扑哧地笑出了声。我刚想问，妈妈却说："夏艺，你还记得吗？你小的时候说过：'每一个小朋友都觉得只有自己的妈妈才是这世界上最好的妈妈！'"看着妈妈说话时脸上那幸福的微笑，我仿佛意识到了什么。原来，感恩并不是昂贵的礼物，也不是惊天动地的誓言。有时，它就是我脸上一个温暖的笑，因为我开心，妈妈就开心！有时，它就是一句真挚的赞美，看起来微不足道，却足以让妈妈在数年后的某一天幸福地把它想起，向别人津津乐道。是啊，感恩来自于心灵的深处，来自于最平凡的生活！

　　妈妈就是这样，总是在我困顿无助时出现在我的身边，为我排忧解难，默默地支持我。如果说妈妈对我的爱是汩汩暖流，那我愿做一棵大树，生长在它身旁，汲取着它的养分。同时，默默地守护着她，守护我生命中永不干涸的暖流！

107

百年母校

胡雨桐

　　在这冰清玉洁的12月，在这银装素裹的美丽季节，我们共同欢呼，齐声祝贺，百年华诞，壮丽篇章，实验小学引领世纪的辉煌。

　　从我走进您的校门起，就踏上了成功的阶梯，是您不断地往我那幼稚的小心灵里不断注射知识与力量。您就像一个装满了梦想与快乐的箱子，让我们愉快地度过了六年那漫长的时光。如今，您穿过了百年的风风雨雨，款款地向我们走来，您用真爱与热血翻过了一页又一页的世纪篇章，校园内外，欢声如潮。

您是辉煌的著作，印记着"实小"的奋斗；您是奔流不息的长河，传播着"实小"的精神；您是充满激情的赞歌，颂扬着"实小"的执着。一路的坎坷，一路的拼搏，滴滴的汗水，最终丰硕成果；"实"为根本，昭示飞腾的跨越；"小"为灵魂，浓缩百年的思索；春天的播种、秋天的收获；今朝的付出、明日的喜悦；一切为了学生，为了一切学生，为了学生的一切！

一百年的沧桑、努力、进取、奋斗、拼搏，您依旧神采奕奕；一百年的追求，您依然劈波斩浪，勇敢向前！是您用一片激情，创造了一方美好的蓝天！

目睹今天，您如雨后的彩虹，绽放出璀璨的光芒；处处展现着迷人的风采，闪耀着动人的光芒。历练人生，一百年的岁月也许漫长；铸就历史，一百年不过是回眸一望；一百年来，您风尘仆仆；起伏跌宕一百年，您矢志不渝，奔向远方。

您像中午的太阳，用您那炽热的爱心、用您那万丈的光芒、用您那无穷的力量踏向光辉的旅程；有一种爱感动天地，有一种恩情重如山，老师的关心、母校的关怀，汇聚成了世界上最美妙的乐曲。

啊！实验小学，您是激情澎湃，代代传唱的赞歌；您是百折千回，铿锵作响的小曲；您是不畏危险，扬帆远航的帆船。今日，我们为您举杯、为您祝福、为您歌唱、为您喝彩、为您自豪、为您欢呼。愿您桃李满园，万代流芳！

花开半夏

——忆六年母校

宋智炜

六年也许短暂，但友谊终将长久。

——题记

窗外栀子花开了，淡雅的芳香充斥着校园。一簇簇浓密的绿叶上还带着星星点点的晨露，映出了栀子花的醇白、淡雅、纯洁。栀子花仿佛一个婴儿，被一片翠绿萦绕着。淘气的雨点醒了它，它展露了极少浮现的笑，也回赠给世界一幅素雅的美景。

但是这般美景并没有使我驻足，即使是一校园栀子的馨香，也未驱走我内心的烦躁。六年的学习生涯变化莫测，时而阳光与花香同在，又时而雷雨滚滚。

漫步在校园的操场上，阳光还是当初的阳光，微风还是当初的微风，变了的，只有我们，随着我们一起逝去的短暂而又美好的六年时光。走在校园的图书馆里，我手拿满意的成绩单，目光却扫射在窗外那独具一格的紫薇上，白居易曾给紫薇"一丛暗淡何比？浅碧笼裙衬紫巾"之美誉。

岁月，依旧飞逝，浅行在时光的轨迹里，我早已不再年幼、懵懂、无知，七年级，正是我们前进步伐的开始。

曾经，我们一同许诺过"时光不老，我们不散"可现如今没有一个守诺过，难道时光老了吗？我不禁低头深思。

我们是花，生活在六年短暂的夏日里，为了追寻如朝阳般灿烂的梦想，我们需要更加努力绽放属于自己的美丽。

那一次，我真感动

黄圣洁

110

又一次站在校门口，天上下起了淅淅沥沥的雨，整个世界仿佛被笼在了薄雾中。我厌烦这闷潮的空气，瞥见那有些旧的黑伞，不觉地想起……

记得那一天，一早起来却还是黑着天，"唰——"天空下起了倾盆大雨。即使很冷，我还是得离开被窝，要不该迟到了。我急匆匆地背上书包，扒了几口粥，带上小黑伞便出发了。一路上，我的书包湿了，鞋子免不了沾上点儿泥巴——农村走的是山路，何况还下了大雨呢？那泥土被雨冲洗得又烂又稀。

坐在位置上，我刚想收拾一下我的"装备"，可小组长走过来催我交作业。

真是糟糕透了！我身上还带着泥泞呢，再急不能先让我收拾干净吗？经历过这事儿的人才会理解吧——当你的书包淋到了雨，又被污泥沾到了脚上——能不烦吗？此时的我是绝对不会有心情听小组长唠叨的。我不耐烦地嘀咕了几句，还是乖乖地拉开书包拉链，准备交作业。我仔细地找，却始终找不出我的作业本。小组长用一种奇怪的眼神盯着我，令我感觉不舒服。我急了，结结巴巴地向小组长解释着。

正当老师要"审问"我的那一刻——"小洁……"我猛地一抬头：窗外边，母亲顶着大雨，把一个装着什么东西的塑料袋挡在头上。母亲跑进了我的班级。母亲拆开塑料袋子，递给我一本相比之下很干净的作业本，在我面前念叨。我没听进去，因为我的心在流血……

我注意到母亲的手已经冻得红肿，用萝卜来比喻一点儿也不夸张。当然了，衣服上的泥到处都有，目光随着稀泥缓缓流下，从上滴在地板上——我的眼泪也悄悄落下，一直顺着流在我的心里。泪痕代表着我的成熟、我的心疼。

111

秋 天 的 夜

李 沁

"当当当……"老式挂钟发出低吼，拖泥带水地嚷嚷了十二下，我轻轻放下手中的签字笔，食指和大拇指在挤压冲突中酸痛着，整个胳膊又痛又酸。我喝了一口刚热过又冷了的牛奶，伸了一个大大的懒腰，想将压力，疲劳统统送走。

我撑着手凝望着星空的夜，黑极了。如果拿它做墨，画出来的中国画会多么有韵味；静极了，如果每颗心都有这般纯洁，那么会有多少的温馨……

痴痴地，痴痴地望着夜，星星还没有谁呀？还和我一样撑着惺忪的双眼，眨巴眨巴着，坚守岗位。一颗一颗，零零散散，星罗棋布，却又像萤火虫那样撑着黑暗。小星星，我知道你的力量很薄弱，也很有限，但是你还依然会默默无闻地付出努力。我和你一样，不知疲倦地吮吸着知识的甘霖，为学业而拼搏。我仿佛又找到了知己。有你相伴，真好！

时钟又在滴答滴答地走着，从来都是那么快，不曾驻足。

夜更深了，天更黑了。我望着圆嘟嘟的月亮，在她的周围有像雾一样的白光，朦朦胧胧，更加深了她的神秘。我从来不敢正视太阳，因为他的光芒太刺眼也太伤人，不适合我，我要的是月亮那般的柔和、甜美和无私。火辣辣的生活太激昂，还不如细水长流，潺潺流淌。不急不慢的生活才更能细细品味。

112

一朵乌云飘来，遮住了明月，没关系，我相信镖和靶的每一次分离都是为了重聚，所以，等待！

秋天的夜，有你相伴，真好！

生命的颜色

　　蜻蜓在空中一会儿高飞一会儿低落。柿子大都泛黄了，有些孩子还喜欢去摘那么一两个下来。这时的风不比早晨般温和，它变得有些急躁。呼呼地吹，稻田里，开始荡起一点点涟漪，渐渐变成汹涌的波涛。不只是稻田，就连那柿子树的枝干也被吹得有些摇摆不定。远远望去，只见那绿中带黄的波浪在田间此起彼伏，久久不息。

生命的颜色

丘月琳

听，有声音，是风的声音。一路伴风，我们回到了故乡。

早晨，太阳露出脸来，世间万物却早已苏醒。微风吹过，是暖暖的，带着点儿清晨的气息。田间的稻草人尽职尽责地恪守岗位，从白天到黑夜，从不停歇。天上飞过几只黄雀，用清脆的嗓音迎接一天新的开始。

午时，火辣辣的阳光洒满大地，微黄的稻谷被晒得逼你的眼。田间有三三两两的农民在劳作。蜻蜓在空中一会儿高飞一会儿低落。柿子大都泛黄了，有些孩子还喜欢去摘那么一两个下来。这时的风不比早晨般温和，它变得有些急躁。呼呼地吹，稻田里，开始荡起一点点涟漪，渐渐变成汹涌的波涛。不只是稻田，就连那柿子树的枝干也被吹得有些摇摆不定。远远望去，只见那绿中带黄的波浪在田间此起彼伏，久久不息。

傍晚，一切都是那么柔和，大地又恢复了平静。走上山，随处可见的松树依旧葱绿，偶然间还能看见几只小松鼠。它们看见有人，便似离弦箭一般跑回树上，颇为可爱，它们应该要开始贮存冬粮了吧。站在山顶，俯视大地，一块块田地排列整齐地形成"田"字。就连这一个个"田"字也是齐的，仿佛地里的稻草人是指挥官，在那儿布局排列。

　　天渐渐黑了，夜晚变得宁静。山睡了，田野睡了，人们也睡了。可动物们却又热闹起来了：依旧是那不知休息为何物的蝉与蟋蟀，一天到晚叫唤着——也许已经不是之前那批了吧，但那声音依旧响着。青蛙也加入了这夜间晚会，它们尽心尽力地唱着歌曲……而指挥官正是我们那日夜恪守岗位的稻草人，它全心投入地指挥着全队的旋律配合。那么伴奏是谁呢？原来是风姑娘。她摇风铃，鼓风琴，令所有声音变得更加悦耳。

　　咦？秋天来了？啊，秋天在不知不觉中来了。世间万物皆以自己为例，改夏之色，换夏之景，提醒着我们：秋天来了。

美　味

李诗韵

　　美味，是爱与食材的结晶，味中之爱，不言而喻。

　　　　　　　　　　　　　　　　——题记

　　"中午有啥好吃的，妈妈？"一到家我就迫不及待地问。"尝尝我的新菜式，玉子烧！好吃吗？""好吃！""真的？我还以为做失败了呢！""好吃！我都吃出幸福的感觉了！"紧张地看着我的妈妈立刻笑开了花，夏日的阳光在这一刻也变得柔和起来……

　　其实那天，妈妈的玉子烧着实不怎么样，但当我一口咬下去，立

生命的颜色

刻发现里面裹着剁得细细的我最爱的鲜虾和培根。我知道，这"地道美食"又让我的妈妈忙活了一上午……

我的一日三餐是妈妈每天头等重要的事。每天早晨，我上学之后，妈妈立刻开启了忙碌模式，整理、打扫，再以最快的速度"东市买鲜鱼肉，西市挑青菜，超市选水果"，在上班前拎回一包新鲜食材。这还没完，她的终极任务是，下班后以最快的速度洗菜、煮饭、熬汤、炒菜……在她的宝贝儿子回来之前做好所有，让儿子能立刻吃上美味。

记得有一次，我像往常一样，一进家门就奔餐桌而去，正当我狼吞虎咽时，隐隐觉得一旁的妈妈不太对劲儿。她的手总是背在后面。妈妈还藏了什么好吃的！趁妈妈不注意我一把捉住她的左手——一道伤口豁然出现在我眼前，我惊呆了。妈妈用力甩开我的手，轻描淡写地说："大厨总是会受伤的，常事，常事，小伤而已。你快去吃饭吧！吃完了好多休息会儿。"我坐回餐桌，努力忍着不让泪水涌出，我怎么不知妈妈的心思呢？太赶了容易伤到，而包扎需要时间，几分钟就有可能赶不上让一回到家的我吃饭，然后休息，这对妈妈来说是比受伤更严重的事！我知道，她一直忍着……

"好吃吗？""好吃，妈妈做的菜最好吃！"我认真地吃下每一口饭菜。是的，对于大多数人来说，这不过是普通的一菜一饭罢了，但对于我来说，这是世界上最棒的美味。

因为有爱，所以味美。

近　净

李君文

我们家小区里，最安静的地方，当属后山上那一片密林。

可不是吗？饭后在虫鸣鸟叫的呼唤中悠悠地散步其中，何不为一种乐事？

走在石板路上，棵棵枝繁叶茂的大树支起了一道自然屏障，喧哗的世界一下子变得安静起来。没有了车水马龙带来的吵闹，只剩虫儿的低声嘟囔，鸟儿欢乐的歌声以及更加细小的叶子的沙沙声——这些自然的呼吸。

117

路边的野花开得灿烂，小草也随风儿带来阵阵青草的香气。灌木也是极多的：茂盛的，稀疏的，开花儿的，不开花儿的，密密地生长在小路的两旁，像极了热情迎客的主人。风儿常常从你脸上拂过，从你手边飘来又飘去，轻柔地抚摸着你，为你拂去一天的疲惫。

当你走出这片天地，回首遥望，会发现，看似平淡的丛林，竟是那么的纯净，悠然，可爱。

生命的颜色

品　茶

杨晓薇

周末的午后我在看书，突然爸爸叫我品茶。我丈二和尚摸不着头脑，只见爸爸和弟弟妹妹，已经坐在那儿等着我了。听说喝茶挺有趣的，我马上来劲儿了，喝茶只是一种形式，最重要的是感受茶的文化！

茶，是中华民族的举国之饮，是中国文化中的一朵奇葩，芬芳而甘醇。有人说喝茶就是喝树叶，可我却不这么认为。茶叶已经发展成为"柴米油盐醋茶"。

爸爸请我坐下。只见他提来一壶热水，把小茶杯冲洗了一遍，高温消毒，这样客人喝起来才放心呀！爸爸向我们介绍这是白芽奇兰茶，是他的好朋友赠送的。茶中必定有粉尘，所以要用热水杀菌，大约泡了一分钟，爸爸将茶均匀地倒入四个小茶杯中。我们起身双手接过茶，表示尊重。首先闻茶香，第二品茶味，过后还回味着一阵淡淡的清香。据说有回甘的茶味，才是上等的好茶。我抿了一小口茶，闭上眼睛慢慢品味，第一次感受到茶文化的魅力。

我们一边喝茶，一边聊天。说到茶还有许多功效呢！茶能提神益思，提高效率；减脂减压，保持健康，保肝明目，防辐射，抗癌等。茶有如此大的作用，我也要每天坚持喝一杯茶。爸爸说："在休闲的时间，只要一本书和一壶茶足以能使人进入物我两忘的奇妙意境。品茶比赌博、喝酒更高端，更有情趣，我们也应该学习做一个有内涵的人。"

茶能够包容牛奶制成奶茶，能够包容果汁，能够制成酒品。这都要归根于茶的本身，茶在中国已经有几千年历史了。

茶，有益处，也有讲究。甘瓜苦蒂，天下物无全美。操千曲而后晓声，观千剑而后识器。品千茶而知味。

喝茶如同为人处事。喝茶有度，什么时候该喝，什么时候不该喝，做人也是这样，什么时候该做，什么时候不该做。做人也要学会像茶这样的包容。虽然在品茶，实际上是告诉我们做人的道理！

难忘的第一次

徐　军

每个人都有自己最难忘的第一次，或许开心，或许难过，或许成功，或许失败。而每当我想起自己最难忘的第一次时，我的嘴角总会挂上一丝若有若无的微笑。

那是在我刚上小学五年级的时候，听同学们说要去春游了，而且今时不同于往日，不是去南山公园，而是换了个新花样——挖地瓜。

地瓜长什么样？在哪里挖地瓜？怎么挖地瓜？用什么挖，和谁一起挖地瓜？同学们议论纷纷，我也感到十分兴奋，毕竟我还从来没有下过田呢。期待的日子终于来了。那是个风和日丽，万里无云的早

生命的颜色

晨，同学们带着书包和铁锹，浩浩荡荡地走向目的地——永浆村。在将近走了一个小时后，我们远远望见了一片绿意盎然的田地，风一吹过，沙沙地响。

这就是我们此行的目的地了，大家排好了队下田。一下田，满眼的淡青、翠绿、墨绿向我们展示着它的勃勃生机。老师向我们解释挖地瓜的要领：先把地瓜藤和地瓜叶连根拔起，再用铁锹向它的根部挖去，不过这时候需要小心，因为一不小心就可能会捅到地瓜，老师解释完，我们就分头挖地瓜了。

我看着绿油油的地瓜藤，用力抓着它的茎干，一咬牙，脚蹬着地，咔嚓——地瓜藤好不容易被连根拔起，我蹲下身，用铁锹小心翼翼地翻动着土块，突然，我的铁锹碰到了一个有些硬的东西，我大喜过望，美滋滋地想：我就要挖到人生中第一个地瓜啦！于是，我加倍小心地拨动土地，让它露出了头（跟土块有些相似的头）我继续往下挖，最后抓住它的头使劲儿一拔，拔出一个约手掌大，上下都沾满泥土、黑黄色的地瓜，我高兴极了。一鼓作气接着挖，挖得满头大汗，干得热火朝天，最后我收获了八个又大又好的地瓜，但同时我也付出了腰酸背痛的代价。

一个早晨过去了，我抱着这八个大地瓜往家赶，回到家后，我一定要好好品尝这几个来之不易的劳动果实，以告慰我疲惫的身心。从这次亲身劳动体验中，我也深深地感受到了农民伯伯们平日里劳动的辛苦。

真是难忘的第一次，难忘的第一次——挖地瓜。

血的教训

林诗琪

随着汽车的普及，交通事故纳入了我们的视野，不得不直接面对，无法回避，因此。交通安全，人人有责。

生活中有的人为了图便利，或好奇、好玩，置交通安全于脑后，结果不仅给自己，也给他人造成损失。如果我们不注意交通安全，一旦事故发生，受害者往往不仅是一个人，一个家，代价可能更为惨重。

我曾经看到过如下一幕，让人心如刀割。一天放学了，我走在回家的路上，过斑马线时，只见一位中学生模样的大哥哥，不看红绿灯一个劲儿地往马路对面冲去。就在他冲到斑马线中央的时候，一辆大卡车疾驰而来，把他撞到了前方五十多米处，满地鲜血。含苞待放的鲜花，就这么凋谢了，多么令人心酸与悲痛呀！

据说世界上大约每四分钟就有一人死亡。这还不足以说明交通安全的重要吗？

难忘的一幕

陈艺畅

　　人生总会有许多难忘的事，这一件件事，酸甜苦辣咸，给我们带来不一样的滋味。这些难忘的事，就像天上的星星，一闪一闪的，点缀在夜空。让我选出一颗最闪亮的星星，向你诉说它的故事……

　　国庆八天长假，我还在漫无目的地想着明天的打算，老爸忽然打电话来，说明天要带我去骑自行车，我高兴得一蹦三尺高，常在电视上看到自行车比赛，想到那刺激的感觉，我却只能过过眼瘾。明天我也能亲身体验这种感觉了！我能不高兴吗？

　　迎接清晨的第一缕阳光，我和爸爸早早就上路了。刚开始骑的时候是在一个有些坡度却很平坦的小路上，周围有栏杆。爸爸把我扶上车后让我自己溜下去，前面一段还好，到后面，车子就拼命地摇摆起来，终于一个不受控制，撞在了栏杆上，直路也能让我给骑成九十度，我艰难地爬了起来，看见自己手臂和脚都受伤了，还有血不断溢出，我当即就把自行车扔在一边，想学的心都没有了。爸爸却过来把自行车扶起来，语重心长地对我说："世上无难事，只怕有心人。一件事你想去做，想成功，就要坚持不懈，要努力，才有成功的希望。"听完爸爸这一段话，我心中又燃起了希望之火。

　　"来吧，上车，你一定会成功的。"爸爸拍拍自行车，鼓励我说。我点点头：“爸爸，你在后面轻轻扶着我，我一定要学会。”我跨上自行车，开始学了起来。一遍，两遍……也不知骑了多久，突然听到爸爸说：“宝贝，你学会了，太棒了！”我停下车一看，爸爸在路的那一边，根本没有扶着车，真的是我自己骑过来的。我忍不住高声喊道：“我学会骑车了！我学会骑车了！”

虽然这次学骑车的经历，过去了很长时间，但是它给了我难忘的体验，也让我记住了：世上无难事，只怕有心人。

这天，回家晚了

洪静怡

“我不学了！”我愤怒地摔门而去，耳边还回荡着妈妈的呼唤声。

天早已黑了，月光洒落下来，寂静的小路上树影斑驳。我独自匆匆走着，感受着寒风的刺痛。心里只有的是茫然和悲伤。我也不知道要去哪里，要走多久……

不知不觉地来到了一个漆黑的楼道里，我在一个台阶上坐了下来，看着从门缝里溢出的温暖灯光，时不时飘出来的欢声笑语，我的心情无法言说，不禁想起刚才的一幕。

今天是我生日，开始一家人还在有说有笑地吃着饭。突然爸爸提到我的成绩，接着不停地指责我。而且爸爸越说越劲儿，我也只能埋头听着了。

　　我低着头一直忍着，压制住心中的火气。谁知道爸爸又高声吼道："学不好，没出息。再不好好学，就不要上学了！"我实在听不下去，起身筷子一摔，喊道："我不学了！"说罢向门外冲去。妈妈抢在门口拦着我，我全然不顾，一把推开妈妈，快速将门打开，跑了出去……仿佛听到妈妈在喊着我的名字："乐乐（小名），乐乐，你回来……"

　　"乐乐，乐乐——"我被一阵叫声惊醒了，是妈妈的声音。妈妈真的是你吗？

　　我仔细听着，想着，眼睛开始模糊，我忍不住低声啜泣起来。不知是什么力量驱使我勇敢地走出了楼道。

　　"快穿上，天太冷，咱们回家。"月光下妈妈正在四处张望，看到我随手把一件棉袄给我披上，一股浓浓的爱意瞬间温暖了我的心，我抬头向远处张望，爸爸正在路边打着手电筒。"爸，妈，对不起。"他们看着我没再说什么。

　　那一天，是我最晚回家的一天，也是从那时起，我长大了。

　　妈妈的关爱，不变的慈爱的音容都清清楚楚地刻在我记忆的深处。

124

脚　　印

赖杰鑫

　　人生不会一帆风顺，成长的道路上总是充满千辛万苦。如果成长的路是一条泥泞的道路，那么道路上的脚印就是独属于你自己的成长的印记！

　　从前的我总是期望别人帮助我将自己觉得困难的事情完成，而不是通过自己的努力来解决困难，将困难化繁为简。一次考试，因为我的字迹不工整被老师用红笔写下了几个刺眼的大字："字迹很不工整！"这使我备感受挫。当时我也很认真地吸取了教训，认真做了反思并且在心里暗暗地对自己说我一定能把字练好的！于是我回家第一件事就是向妈妈讨教应该怎么练好字，妈妈对我说想练好字就每天练字五张我来检查。那时我还一肚子的火，心里想："自己又不和我说方法就叫我练，练就练谁怕谁！"之后几天里我都认真练字，可是妈妈又好像故意与我较劲儿，每次都说我不合格，要求我重写。我本就心不甘情不愿的，这下就更是火冒三丈，一不做二不休我干脆就不练了，偷偷溜出家。到了外面我漫无目的地四处闲逛。突然，一只小蜘蛛引起了我的注意，我停了下来，那只蜘蛛正在织网，而每当蜘蛛的网要大功告成的时候，就总会有一阵讨厌的风将网吹破，而那只蜘蛛却还是坚持不懈地将破洞补好，因为小蜘蛛的坚持不懈，最终成功地将网织好了。我看到这一幕时我瞬间一下子就明白了："就连一只小小的蜘蛛都能坚持不懈、不言败，而我为什么又不可以呢？"于是我立刻飞奔回家向妈妈说了事情的经过，我们都会心地笑了！之后我每天练字，不管练得腰酸背痛也毫不喊苦，终于有了些许进步。

　　我明白了在人生泥泞的道路上只有受过了苦才会获得收获与启示，同时也只有泥泞的道路才会留下独属于自己那一个个坚实、扎实的人生足迹！

这件事真让我后悔

林宇轩

每次洗脸照镜子时，那个在鼻子右边的疤痕，清晰可见……

那时我上三年级。

那天下午，阴雨绵绵，天上五雷轰顶，地上传来："老师！老师，林宇轩出事了！"老师连忙放下手中的活，跑了过来，"这是怎么了？"我强忍住泪水，脸上的伤口还在流着鲜血……

就在刚才，下课时间，我和同学正在走廊看着天上雷声伴着乌云齐舞，我的身体被B同学重重地推向前面的护栏，身体虽无大碍，心里却窝着一团火，我选择忍受，告诉自己，他不会再动我了，谁知，B又来打了我一下，我朝他看了一下，他正朝我做鬼脸，这真是火上浇油！我扑向他，他跑走了，我追着他，从三楼跑到了一楼，在二楼上楼梯时，我看见楼梯前有一摊水，我已有意识想跨过去，可还是脚底一滑，磕在了阶梯上。

B同学听见后面有声响，便冲了下来，他把我扶起来，伤口便即刻涌出一股鲜血。后来听他们说有一两秒叫我，我都没有反应，远处走廊上的同学看到了，就连忙喊来老师。在迷糊之中，我还很清晰地看到鲜血沾满了白色的校服，还很清晰地听见B同学的哭声。

老师和同学们把我搀扶着，我晕晕沉沉地到了医务室，老师也赶紧叫来了我的家长。校医说："我的伤口很深，虽不用缝针，但会留疤。"

妈妈带我去了医院，没有别的问题。

可这件事本是不该发生的，我却因为这点儿小事，而付出了这样的代价。那天的天气阴蒙蒙的，还飘着小雨，我的心情也没有那么高涨，所以B同学来捉弄我，我也没有足够的耐心，假如说那天我可以再忍一会儿，也许就一会儿，B同学就会自讨没趣地走开，也就不会导致今天的事故。可是，没有假如……

如今，我看着镜子里的我，好似一张白纸被捅了一个洞，满满的后悔。

那片金色的树叶

陈　煜

金色的童年总有金色的故事。开心、快乐的事，就仿佛一串串碧绿的树叶，飘荡在我心中。偶尔，几片黄叶飘然而下，回旋在我的心中，这片最黄的树叶就好似我的后悔事。是什么事让我这么后悔莫及呢？

那是一个阳光灿烂的下午，我看电视正看得起劲儿，妹妹忽然扑过来抓着我说："姐姐我好久没骑自行车了，你陪我去骑好吗？"说完，她用那迷人的眼睛看着，我看出来了，眼睛里充满了哀求，我不好拒绝便答应了。

开始骑车了，我们骑得并不快，因为路有点儿坎坷，我们骑到了一条坡上。我心想：在妹妹面前表演一下放手骑车，她肯定会很"崇拜"我的！嗯，说干就干，我对妹妹说："妹妹，姐姐会单手骑车，或放开双手骑车哦，那样很好玩的，可以增添我们骑车的乐趣，姐姐来给你表演一下。"说完，我准备开始。妹妹对我说："姐姐，不要了，这个太危险了，不行不行。""没事，没事"。看我的。说完我便开使蹬起车子。首先我先慢慢地踩踏，熟悉了以后，我先放开了右手，感觉骑得挺舒畅的，便开始加快了速度，还哼起了一段小歌，唱着唱着，感觉自己很牛，开始放开了双手，结果，控制不住自己，越蹬越快，越蹬越快，刹车也刹不住，前面有一块石头，我直接从自行车上摔下来，两腿被水泥地蹭得流血了。哎，嘚瑟过头了，妹妹在一旁取笑我，我真后悔，早知道就听妹妹的话不这样做了。可是，世界上没有后悔的药！

直到现在，这件事一直是个印子，印在了我的心上，抹也抹不掉！

128

生命只有一次

宋文瑾

生命是脆弱的，同时也是顽强的。我们要珍惜它，爱护它，保护它，不让这个弱小的生命受到威胁。

暑假里，我与妈妈去逛街，看到店铺中摆放着各式各样、可爱的多肉植物，妈妈温柔地说："这个小植物可以放在你的书桌上，既美观又可以保护视力，我们挑一盆吧！"我迫不及待地蹲了下来，挑选台子上摆放的一盆盆精美的多肉，有的婀娜多姿，有的傲然挺立。终于，我从中拿出一大盆多肉，盆子中装有静夜、紫珍珠等植物，付了钱，我高兴地抱着花盆走回家。

我回到家，把它放到书桌上，给它喷了一点儿水。妈妈严肃地说："从今往后这盆多肉就是你照料了。"我欣然答应了。可没过多久，我就对这个小生命不管不顾，它们渐渐从生机勃勃到渐渐枯黄，晶莹剔透的圆叶子开始泛黄，不再拥有着小姑娘的朝气，就唯独顽强的仙人掌还傲然挺立着，我的三分热度一看就用没了。我不禁看着它们的样子，开始有些嫌弃，最后，我把它们从我的第一展台移到窗台边。没过多久，它们即将要被太阳晒干。我看到杯子里还有一些水，随手洒了上去，这时我才发现有几颗已经变成褐色的小圆球。妈妈严肃地说："每个植物都有属于它的生命，我们的生命只有一次，而它们的生命也只有一次，这盆多肉看似虽小，但它也是有生命的，它枯萎了，就不能复生，人也是一样，生命只有一次，我们要好好爱惜生命，它还没全枯萎，还有机会让它重新恢复成原来可爱的样子。"我充满歉意地把花拿了回来，细心照料。

生命只有一次，它不能复生，但如果你用心去照料它，就有可能把它从边缘拉回来。生命是脆弱的，我们要珍惜生命。

交通安全需谨慎

李刘彦

"红灯停，绿灯行，黄灯亮了等一等。"记得很小的时候，这首儿歌便像蚊子似的整天在我耳边嗡嗡直响。出门前妈妈说一遍，放学前老师说一遍。尽管每天听这么多遍，但没有任何人有一句怨言，因为大家都明白，安全实在是太重要了！今天，随着经济繁荣发展，道路上车水马龙，殊不知，有一双邪恶的眼睛盯上了车子，那就是——车祸。

据统计，中国目前每天死于交通事故的人数约在三百人左右，每年因车祸死亡人数超过十万人，其中儿童死亡人数近两万，居世界之首。这是多么惊人的数字，大家不要觉得这是危言耸听。

瞧！那辆超载的大卡车正吃力地前进着，司机见了红灯也不停车，随意乱闯，只是为了赶交差，不顾违章的后果。这位司机叔叔，您知道吗？一刹那间，很有可能会葬送无辜生命，而人的生命岂是金钱可以买到的？看，悲剧终究还是上演了，鲜血染红了车轮，受害者的亲人悲痛欲绝。

啊！那是一个炎热的夏天，我和两个同学准备乘坐公交车去打球，由于斑马线路口距离太远，我们偷懒选择直接横穿马路，一路有说有笑，殊不知危险即将来临——一辆摩托车如醉汉般向我们飞过来！走在前面的两个同学成功躲闪开了，我却不幸被撞，司机肇事逃逸。当时的我终于切身体会到什么叫眼冒金星，什么叫皮肉之苦……闻讯赶来的父母把我送进了医院，虽然并无大碍，但是一连几天的发烧呕吐，令我反思：生命有限，车祸无情！

亲爱的同学们，珍惜自己的生命吧！做一个合格的公民，遵守交通安全、交通法规，让那交通的泪痕永不渗出，让幸福永远伴随着我们，让那一张张白净的脸上露出幸福的微笑！

时　　间

谢礼蔚

131

太阳落了，有再升起的时候；小河冻了，有再奔流的时候；大地干了，有再湿润的时候。但是我们的光阴为什么一去不复返呢？——是它在和我们捉迷藏吧，它去了哪里呢？是天空，还是大海？是有人把它带走了吧，现在又到了哪里呢？时间是一个简单而又深沉的问题，没有人能找到最准确的答案。

时间可能是东升的太阳，西落的夕阳，可能是每天从白天到夜晚的昼夜交替，可能是人们脸上的皱纹和日益增多的白发。这些都是时间的印记，时间在人们的生活中露出影子，匆匆地来，匆匆地去，可谁也抓不住它，谁也不知道它从哪里来，又要到哪里去……

有些东西总会无声无息地到来，而有些东西却也会随着时间的流逝越飘越远。我来到公园，见河边的柳又变成了翠绿色，见它一年又一年发芽，长叶，枯黄，然后再从头开始。一缕阳光照在远处的草地上，我跑过去想抓住它，可它却悄然跑远了，在远处笑着、跳着，一会儿又挪移到我的身后，等我回过头时，它却消失了。就好像正在一分一秒流逝的时间一样，它从不给人回头的机会，却自私地越逝越远。

时间变化了世间万物，它有着无穷的力量，没有人能阻挡它。它的行踪是神秘的，没有人知道它从哪里来，又要到哪里去。光阴似箭，日月如梭，我们所能做的，也就只有珍惜时间罢了。

时间在无息地逝去，给我们留下的是什么？是皱纹，还是遗憾？时间逝去不留一丝痕迹。却会慢慢地把我们从黑发变成白发，从年轻慢慢老去。虽然时间会毫不留情地流走，但它对每个人都是公平的。一天二十四小时，一年三百六十五天。每个人的时间都是如此，只不过是看你如何安排它罢了。有人浪费时间虚度光阴；有人珍惜时间，不浪费一分一秒。同样的时间在不同人的手上会得出不同的结果，不一样的收获。只有珍惜时间，把握当下，才能创造更美好的明天。

人生匆匆，一不留神就从黑发变为白发，回首才发现时间流逝如此迅速，而已无能为力。只有从现在起把握稍纵即逝的光阴，才可以和光阴赛跑，成就更辉煌的明天！只有这样才不会留下遗憾。

那一次，我真感动

陈欣怡

一生中，都会经历许多事，也许会让你开心，让你失落，让你感动。这些事，可能会使你难以忘怀，像大海中的瑰宝，像天空中的白云。永远被刻在记忆深处。

那是一个炎热的夏天，蝉在树上唱着歌，狗狗在旁边吐着舌头，我呢，则把空调，电风扇全部开起来，但也解散不掉一点儿的热。对了！要不然去吃冰棍吧。翻了翻冰箱，啥都没有，妈呀！那岂不是要去外面买。和脑中的小人搏斗了好一会儿。唉，还是出去买吧。

在路过一家小店的时候，走进去。头也不抬地说："阿姨，给我根冰棍。""好嘞，小姑娘，这天气热，多送你一根吧！"听到这句话时，心里好奇，这么甜美的声音，长相会怎样？为什么会在这家小店里？头抬起来，咦，她的脸为什么会变成这样？！半边的脸留下像被火烫的疤。另半边脸长得很漂亮，"这是怎么弄的？"我不禁问出口。"哎呀，小妹妹，吓到你了吧，这是我在几年前到的啦。"她装作无所谓的样子。"不不不，没有吓到，您这是怎么弄的？"听到这句话，她的眼帘微微垂下。"这是很久以前的事了，不提也罢。"我知道她不想说，便不再问了。

之后我听别人说，她的脸是因为一场大火烧伤的，为了救邻居家的孩子。那天起了一场大火，她跑出来之后发现邻居孩子没有出来，于是返回去。邻居的孩子被救出来了，毫发无损，她的脸却被烫伤了一半……因为脸的缘故，她找不到任何工作，只能自己开家小店，养自己。

听完之后真的很感动，或许这就是舍身为人吧。但是我觉得那个阿姨真的好美，真正美的人不是外表美，而是心灵美。正因为那个阿姨心灵美，从内而外的，她的外表也因为心灵美而变得美丽。

这件事情，将永远刻在我的脑海深处，使我时时刻刻都能想起。这就是做人的品质吧。

与 邻 共 舞

周　涛

黎明之时，天边渐渐露出了太阳的身影，微弱的橘黄色照射在挂着晨露的松针身上，显得闪闪发光。早晨，又开始了。

但对于阳台上的那两只珍珠鸟，这可并不是美好的一天。精致的鸟笼，温暖的巢穴并没有驱赶走它们的痛苦。没有了同伴的歌唱，没有了同伴们的舞蹈，只剩下无边的孤独。它们颤抖着紧靠在一起，不是因为寒冷，而是因为恐惧。

窗外，墨色的森林正在渐渐苏醒。几只早起的鸟儿，已经飞出了巢，前去寻找一天的食物。太阳的光芒给森林镀上了一层薄薄的金，格外耀眼。两只珍珠鸟可没心思去欣赏这一美景，仍然沉浸在悲伤之中，不能自拔。

一只枝头上的麻雀，望着缓缓升起的太阳，望着慢慢变得金黄的大地，终于忍受不住歌唱的诱惑，一张嘴，唱响了第一个音符。

两只珍珠鸟"嗯！"地一张眼，啊！多么熟悉的声音，多么怀念的乐曲！伴随着那声鸟鸣的，是一片由成千上万的鸟儿组成的无字歌谣。令人回忆的乐曲，使那两只珍珠鸟从阴影里走了出来。它们扑在笼子上，大声地放开歌喉，尽情地歌唱。"啾啾啾啾啾……"被这奇妙的歌声吸引的鸟儿们，一齐飞到了阳台上，对这新邻居投以欢迎的目光。"你们好，欢迎你们！""歌唱得不错啊，邻居！""欢迎你们的加入！"

望着眼前亲切的邻居们，望着一双双欢迎的目光，它们感动了，它们激动着。一转头望向太阳，那是一轮怎样的太阳啊？亲切地洒下光芒，为这些小歌舞者穿上了绚丽的彩衣。他们仿佛回到了过去，同伙伴们一起高歌，一起舞蹈，在飞行中享受风迎面而来的美妙感觉……过了一会儿，鸟儿们再次一齐高歌，不同的歌声，不同的舞姿，连接着每一只小鸟的心。

"啾啾啾啾……""叽叽叽叽……""咕咕咕咕……"

与邻共舞，这确实是一个美好的早晨……

真　好

徐　乐

晚上，我六岁的小侄儿贝贝拿着一张纸条，兴冲冲地跑到我桌边，激动地说："姑姑，你快看，这是我写的字，怎么样？"我接过纸条一看，哎呀，这什么字？歪歪扭扭，那是写出来的字呀，是画出来的"字"。

我看着小侄儿，睁着大眼睛，眼神里充满着许多期待，看着小侄儿期待的眼神，我微笑着对小侄儿说："写得真好！如果你继续练字，再认真地学习，一定能写出更好更标准的字！"小侄儿得到了表扬和肯定，欢快地跑回自己的桌边坐下，全神贯注地开始他的练习。看着小侄儿认真的样子，恍惚间，我的思绪一下子被拉到从前……

曾经我也像小侄儿一样，十分热衷于写字，可是有一次，我把十分认真写的字，给小哥哥姐姐们看，我那稚嫩的字被小哥哥、小姐姐们嘲笑。我伤心极了，趴在桌上什么也不想写，自信心全无。这时一双温暖的手，轻轻抚在我肩膀，我回头一看是妈妈！她微笑着说："真好！写字、学习课文都要不断地努力、练习，一定会越来越好！我相信你一定会写得更棒！"妈妈的一番话，我如沐春风，再次激发起我学习的热情。

赞赏、鼓励是教育成功的桥梁，得到家长、老师的注意和赞美，对于我们来说是一种无与伦比的幸福，一个眼神、一句表扬、大胆地给予肯定，都会在赞赏中感到自信与温暖，或许是我们一生最美好的回忆，或许是我们将来走向成功的一个新起点，或许是我们从大家的鼓励中找到自己努力的方向，开发出我们的潜能。我们在成长中需要阳光，更需要关爱与鼓励……

"姑姑，你快来看！"小侄儿的声音将我从飘远的思绪中拉回，小侄儿把他重新认真写的字拿给我看，我接过纸条一看，惊呆了！一笔一画有模有样、带着稚嫩的方方正正的汉字，竟然是"真好"二字！

"真好"二字此时的作用，远远超出我平时使用的意义，它是一种鼓励，是激发人向上的动力，是建立自信的源泉……

那间杂货店

——读《解忧杂货店》有感

林念怡

　　黄色的暖阳早早地升了起来，清晨的早风正吹打着一座老旧的杂货店，吹打着三个站在杂货店下的少年，为首的那个少年手拿一张洁白的信纸，抬起头，深邃的双眼里正闪着光芒……

　　合上白色的书皮，沉浸在书中世界的我依旧回不过神来。虽然已经是第四次阅读，我的内心依旧澎湃。东野圭吾用他那支神奇的笔，勾画出了一场发生在一家杂货店里的奇妙之夜！

　　可是现实呢？现实是残酷的化身，没有浪矢杂货店，更不可能有人能像故事中的晴美那样，通过未来人的指引走出烦恼，走向成功。你能做的，只能在烦恼的阴云之下无声地哭泣，"剪不断，理还乱……"

　　牢记那小学四年级的时光。那时候的我，还只是一个什么也不懂的小屁孩儿。长得不算高，瘦小的身子支起一个看起来并不灵敏的脑袋，学习也不算好。因而，没有一个人愿意与我做朋友，我自己也数不清到底有多少天，我因被别人欺负而哭着回家。那段生活对我而言形同地狱，不被同学接纳的烦恼彻底笼罩了我。它像一把利剑，狰狞地刺痛我的心。

　　时光慢慢流过，慢慢长大的我逐渐开始直面我最为恐惧的那把剑。逐渐开始寻找烦恼的本源，开始思考：为什么没人想与我做朋友？为什么所有人都喜欢欺负我？渐渐成熟的我，慢慢地在生活中发现：没有人喜欢我，是因为由始至终，我一直在模仿别人，模仿每个人的语气，每个人的性格，最终成了邯郸学步。所有人都喜欢欺负我，是因为在它们看来，我只是一个啥也不懂的笨小子，好欺负。发现了破解烦恼的关键，我渐渐开始朝此努力。我不再模仿任何一个人，努力将自己的一面展示给他人，并第一次主动地开始了学习。终于，功夫不负有心人。我的朋友开始多了起来。我也终于凭借自己的力量，将这把遮盖天日的烦恼之剑，移出了我的天空。

　　此刻的我，又一次露出了当时的笑容。是啊，现实中是没有解忧杂货店的，烦恼来临的时候，你只能靠自己。

　　没错，现实是残酷的，它会抛下无数的烦恼等你中弹。但痛哭解决不了任何事情。相反的，站起来，正视它，你会发现，你是如此的强大，强大到你可以战胜它，在黑暗的最深处迎接黎明的到来！

　　因为，那间杂货店，就在你的心里。

月亮离我有多远

　　灯火阑珊的都市拼凑不出一个童话，高低错落的平房更是往上抹了一层灰。我们都是青春期的孩子，有的向往于美好幸福的童话，有的向往于黑色金属的现实，各不相同。月亮是介于这二者之间的，既能散发出美好的晶莹月光，也是位于灰暗夜空中的"新星"，我们离月亮到底有多远？离美好到底有多远？恐怕这个问题，只有身经百战的"成年人"才能知晓。

五官争功

冯　婧

夜黑了，皎洁的月光照向大地，风吹动树叶沙沙作响，好像一首催眠曲。小主人的眼皮越来越重，终于经不住困意睡着了。这时五官开始了激烈的争吵。

嘴巴清了清嗓门，骄傲地对鼻子说："我能谈古今是非，你有什么本事在我上面？"

"饮食的时候，我能帮主人辨别气味。"鼻子谦和地回答。

眼睛把自己瞪圆了，大声叫道："近的东西我能看得清清楚楚，还能观看远处的美景，我的功劳应该最大！"眼睛往上一抬，对眉毛傲慢地说："嘿，你有什么能耐在我上面？"

眉毛小声回应："我虽然没有太大用处，可如果没了我，不是面目全非了吗？"

"没有我，主人哪里听得到这世间美好的声音，我这么重要，怎么可以在脸的旁边？"耳朵气愤地说。

嘴巴听了它们的争吵，气不打一处来，气势汹汹地说："我能帮助主人吃饭，没了我主人早就饿死了，没有我，主人不能说出自己的想法，多苦呀！"

耳朵顿时火冒三丈，高声叫道："我的用处最大，你们谁都比不上我！"耳朵气急败坏，又说："这第一是我的了！"

鼻子也不甘示弱，大叫："如果主人失去嗅觉该多苦！不能没了我。"

五官们越吵越凶，把主人吵醒了，主人听到它们的争吵，便语重心长地对它们说："你们各有所长，对我都很重要，缺一不可，如果缺了一个，我就是不健全的人，你们应该团结协作，共同进步。"五官们恍然大悟，都回到自己的位置上。

日出了，阳光照耀大地，五官们又开始自己的工作，再也没争吵过。

问号和感叹号的牢骚

杨晓薇

141

有一天，问号和感叹号聚在一起寒暄一阵后，开始大发牢骚了！感叹号打头炮说："逗号、句号有什么了不起？论个头，我比它们高大；论精力，我比它们充沛；论感情，我比它们丰富……凭什么总是用它们，不用我？"感叹号振振有词。

"为什么只重用逗号和句号？少了我这篇文章会通顺吗？人类真是没眼光。"听完感叹号的抱怨之后，问号也有感而发，气冲冲地说。

于是它俩想了一个好办法，双双写信给人类，想从人类那为自己讨个公道，于是它俩执笔写信。

致人类的一封信——

敬爱的人类朋友们：

你们好！

我是问号，我和逗号、句号一样也是为了人类服务的呀？为什么它们得到重用？难道我的魅力不如它们吗？你们真是大小眼啊！

我是感叹号！难道我不如它们吗？我不是一样为人类做贡献！你们写作难道用不到我吗？人类真是没眼力！大家在写作中总是频繁地用到它们，你有想过我的感受吗？

祝人类的朋友们生活美满！

你的朋友：问号‘感叹号

2017年11月1日

申诉信已经寄出去一个多月了，还没收到人类的回应。问号和感叹号决定和主人楚楚一起来到人类的世界。走进可爱的学校，来到温馨的教室，耳闻目睹了楚楚的学习过程。老师叫楚楚读一篇优秀作文，可读来是这样的——

星期六的一天？我和妈妈去外婆家吃饭！外婆一向疼爱我？向我问寒问暖！半期考多少分呀？我说："一般！"

还没读完，全班哄堂大笑，有的抿嘴一笑，有的笑出眼泪，有的笑得前俯后仰……

问号、感叹号互相看了一眼，脸红了，趁着班级还乱哄哄，夹着尾巴落荒而逃……

月亮离我有多远

肖佳伶

如果说，眼睛是心灵的窗户，那么，月亮便是那漆黑夜空中的眼睛了。

灯火阑珊的都市拼凑不出一个童话，高低错落的平房更是往上抹了一层灰。我们都是青春期的孩子，有的向往于美好幸福的童话，有的向往于黑色金属的现实，各不相同。月亮是介于这二者之间的，既能散发出美好的晶莹月光，也是位于灰暗夜空中的"新星"，我们离月亮到底有多远？离美好到底有多远？恐怕这个问题，只有身经百战的"成年人"才能知晓。

依稀记得，那是一个闷热的夜晚，但天气很好，月亮正圆，拨开了层层染黑的云彩，探出了秃秃的脑袋。老家算是凉快的了，路灯忽明忽暗，前方一片迷茫。我拽着母亲的手，颤巍巍地走在农家小道上，突然一只野猫蹿出来，硬是把我吓了一跳。很快便到了一片空旷的大厅，地底装着地灯，周边摆着长椅，地上铺着很多凉席，人们都在上面聊天、喝茶，在当时的小村子里算是一种很豪华的设备了，外婆坐在角落的长椅上向我们招手，前面的空地上是一张母亲带来的竹席。我放开牵着母亲的手，飞快地跑过去，一边喊着"成功上垒！"一边脱掉鞋子扑到那块"宝地"，待母亲和外婆来到身边时，我翻了个身，篮球大的圆月映入眼帘，星星像是仙女打翻的珍珠，没有规律地撒落在漆黑的夜空中，格外美丽。

那时我年仅九岁，还是个不折不扣的"小公主"，幻想着嫦娥与我的故事，幻想着天空中发生的事。我以为世界是美好的，人是善良的，痴痴地想，痴痴地说，那时我和月亮是合为一体的。

现在的我是青春的种子，在出生时就已扎根，经过一年又一年的岁月冲刷，它已经发芽，如雨后春笋，按捺不住过多的养分，冲破天际地往上长，不再相信童话，不再觉得世间是那样美好就是最有力的证据。

我们在成长的过程中遗失了很多，同时也收获了很多，失去了天真，带来了猜疑，不是一厢情愿，而是怀疑再怀疑。我不禁在心中大声地问自己：

月亮离我到底有多远？

月光下的燕城

赵学彬

人们常说"十五的月亮，十六圆"，没想到，今年的月亮"十七圆"。夜晚，我漫步在燕江江畔，悄悄地，月亮从厚厚的云层中释放出来，月光洒满了大地。

月光下，平静的燕江水潺潺地流着，银灿灿的月光抚在江面上，令人看花了眼，不同于日出时的朝气蓬勃，更不同于日落时的火烧火燎。好一片粼粼闪闪的银波！舒适、平和、宁静，这条已不知流淌了多少年的明澈江河，在这潇潇洒洒的月光中，正展现着她那从未被世人知晓的魅力。

月光下，这座安详的小城披上了一层雪白的薄纱，看着看着，这层薄纱似乎随风舞动，叫你希望看见一些更美的永安的容颜。小城里的每一寸裸露的土地，都进驻了可人的月光。每一座高楼，每一幢大厦，都敞开了胸怀去迎接月光，去拥抱月光。看吧，在这月光下，看吧，小城的一草一木，都沐浴着皓月的光辉；我的一身一心，也在欢呼着她的到来。这是一个与世界上所有城市一样而又不一样地被月光笼罩下的美丽祥和且生机勃勃的小城永安。

来吧！就现在，让我们一起感受幸福、愉悦、悲伤、开怀吧！在这月光下……

过　年

管蔚文

大年三十的清晨，家家户户都挂起了红灯笼，贴上了大红对联，街头小贩的吆喝声此起彼伏，爆竹声也一阵响过一阵，燕城呈现出一派热热闹闹、喜气洋洋的景象。

在偏远群山怀抱中的村庄里，我忙碌地贴了一上午的门幅、窗花合对联，四处溜达了一下午，终于迎来了日落。爷爷拿出一箱烟花和爆竹，并用打火机点燃，只听见爆竹"噼里啪啦"的声音如雷贯耳，每一个爆竹都炸开来，照亮一方天空。我眼睛瞪得大大的，双手用力捂住耳朵，不让声音钻进耳朵。其他人也捂着耳朵，小的被吓得躲进屋子里；大的哄着小孩儿，还不忘抬头看；而老的看着烟花升起，还忍不住逗孩子开心。烟花把宁静漆黑的乡村照亮，有的像绚丽的花朵升上夜空，绽放开来，最后凋谢落下；有的像颗颗流星，在天际中一闪而过；还有的在夜空中勾画出各式各样的图案，渐渐模糊，最后消失。

夜饭后，也不知是谁开的头，一轮轮红包在微信群中接连出现，更不知是谁定的规矩，谁抢的红包最少的发，而且必须八元五个包。

所有人的眼睛都像是被磁铁吸住了似的，目不转睛地盯着荧屏，不肯错过任何一个红包。地上有一毛钱，谁都不看一眼，可是在群里抢一分钱，都十分高兴、飘飘欲仙。有的人因没抢到红包正懊恼着，又错过一个红包垂头丧气；有的每次都抢得最少，还要发红包，更是满脸愁容；还有的连连大胜，赚了不少，脸上自然是轻松自在。我像一个机器人，手飞速、机械地点着，拆开一个个红包，一言不发、脸上毫无表情的我不像是在抢红包，更像是在做一件神圣的工作。

这个春节我过得既充实又快乐。

一树一代人

江可心

人去楼空，旧树依然。

树

我来到这时的第一天，紧挨着我的那幢楼房里传来婴儿的啼哭声。后来，那幢楼房里的人家常常抱着一个幼儿进进出出，那孩子似乎很喜欢我，总是瞪着圆溜溜的眼睛望着我，我摇摇枝干他就笑了。

几个月后，他咿呀学语一摇一摆地走到我身旁，指着我喊："树！树！"可他总是念不好，总念成"处"，我也就高兴地摇摇身子，飘下几片落叶。他笑着捡起落叶，打量了一会儿拍着手说"喜欢，喜欢！"随后就趴在我身上，抚摸着我粗糙的皮满脸惬意的样子。

一年又一年过去了，看着他学会跑步，看着他背着书包上学。有时他考试考不好就站在我旁边，偷偷地擦眼泪；有时他被表扬了，也能高兴地跟我说上一阵子……如今他已长大成人，我也被他称为"参天大树"，他不再常常跟我玩耍，最多就微笑着看我一眼，而后匆忙离开。我伴随着他成长，见证了这一代人的成长，即使人去楼空，也断不了念想儿。

人

听爸爸说他出生时，就有一棵小树种在他家门口，他非常喜欢那棵树，总喜欢咿咿呀呀地走到那棵树旁，抱着树摇啊摇。即使那树的表面是那么粗糙，几次刮坏了爸爸的脸，他也从不害怕。

当爸爸背上书包上学时，当年跟他齐肩的树，已经比他高了一大截，那棵树便是爸爸这代人的乐园。爸爸总是跟那棵树述说他的喜怒哀乐，那树貌似听懂了一般，听完就摇摇身子掉下几片落叶，爸爸便高兴地将落叶捡回家收集起来。我问爸爸为什么只收集这棵树的叶子，爸爸说："这树的树叶，它的脉纹是最好看的，就像他成长的印记。"

时光飞逝，爸爸长大成人，树也直冲云霄不是踮着脚就能碰到顶的，爸爸也从树旁的那幢楼里搬了出去。我问爸爸觉得世上哪里最美，爸爸笑着进入了甜蜜的回忆：是家乡、是那棵树，即使远离家乡，旧树依然。

一棵树的存在，见证一代人的成长。

姥爷家的冬天

冯嘉睿

姥爷家位于太行山里的一个小村庄，那里在冬天最有特色的，便是那一望无际的白色了。

早晨，从屋子里走出来，昨天还穿着土黄色大衣的山坡已经换上了雪白的棉袄，变得寒冷而又美丽了。

吃过饭后，走下坡去，原本漆黑的油柏路已经铺上了洁白的地毯。这个小村庄的冬天格外沉寂，一点儿声音也没有，人们都在温暖的小屋里待着呢。从地上抓起一把雪，那冰凉的感觉可以透过手套流进你的手心。

走进山的深处，原来那条"哗哗"地唱着歌的小瀑布已经变成了一条冰河，好像给山穿上了一件镶着水晶的雪白盔甲。我想：那瀑布是在冬天来临的一瞬间冻上的吧。结成冰的瀑布上，有许多突出的小冰块：像水瓢，像冰糖葫芦，更多的是像针一样倒挂在瀑布顶上的冰锥。握着一串"冰糖葫芦"，用力一掰，拿下来舔上一口，好像在冰柜里吃雪糕。

在姥爷家过冬天，一直都是我最渴望的，什么时候能再感受一番呢？

我的新老师

管玲馨

我遇到了一位有趣的语文老师——李老师。

李老师身材中等，留着长头发，戴着一副黑框眼镜，大众脸。李老师上课时，我们只要注意力不在线，她就会瞪大双眼，拿起扩音器，快速地走到那个人面前，冷冷地说："看我，看我，我最漂亮——看我，看我，我最漂亮。"虽然老师是冷冷地说，但同学们还是不由自主地被她逗笑了，我想这老师真滑稽！

李老师看上去挺幽默的，可有时却证明了她本质是一个不好说话的人。有一次上课，同学们在下面窃窃私语，没听老师上课讲的内容，都在各玩各的，李老师顿时火冒三丈，脸红得像被太阳暴晒的红辣椒似的，声音早不是高八度那么简单。"全体起立！一个个都给我站起来好好反省反省，你们到底做错了什么！"霎时，班上立马被老师生气时的样子吓到了，班里变得鸦雀无声，只听得见挂在天花板上悬挂着电风扇的呼呼声。我们终于体会到了李老师的威严。

这就是我们班的新老师，一个既幽默又严肃的老师——课堂上绝不允许学生开小差、对工作尽职尽责的优秀人民教师！

我的语文老师

周正欣

她有一张好像巴掌大的小脸，留着一头乌黑发亮的短发，总喜欢穿宽松简洁的棉麻衣服，虽然戴着一副眼镜，但是却不会显得呆板，反而把一双明亮清澈的眼睛衬托得更有内涵，看着就像是一束灿烂的阳光，一瞬间就把心中的疑惑照亮——她就是我们的语文老师。

语文老师是我的偶像。记得第一次老师给我们上课，上课的内容却不是课文，而是"什么是语文""为什么学语文""怎样学语文"，她从古代的礼仪孝悌中告诉我们为人处世的道理，从当代"董卿之跪"中说到对长辈、对知识应有的尊重，暖如春风般的语气带着因为时间而沉淀下来的书香，让我走进了语文的世界。

语文老师是那样兢兢业业。每次早晨朗读课文时她都会走进教室，站在门口经常一声也不吭地细细打量着我们，不时纠正我们错误的读音，有时便走到某个同学身边，提醒他收起正赶做的作业。每次上完课如果还剩时间老师会让我们写作业，而在写作业时老师总会一遍又一遍地在我们身边巡视，走过停下；仔仔细细地观察我们是否有错；如果有错便会指出，同时慢慢分析给做错的同学讲，为什么错了。

语文老师是个"书虫"。从开学以来老师便一直积极地要求我们多读书，最好做阅读笔记、旁批，做一个"书虫"，所以语文老师自己也一定是个书虫，并且家中有着一个超大的书架，里面挤满了书，不然为什么总有讲不完的故事呢？

语文老师的口头禅是："因为……所以……"她能把很复杂难学的知识讲得简单易懂，让我们轻松学好语文。语文老师经常拿着一把断尺，因为要敲出声音提醒我们不要乱说话，语文老师喜欢单手拿着书上课。这就是我的语文老师，一个文质彬彬、温和优雅的老师。

我的班主任——"吼哥"

林铭炫

我的班主任人称"吼哥"，顾名思义，其嗓门之大连整栋楼都听得见。

"吼哥"的威力影响巨大。每当数学课，"吼哥"就开始发功了！"这道题就是这样做！"随着声如洪钟的"狮吼"在班级里传播开来，仿佛大地都为之一振，这个"狮吼"像导弹一样直直打进我们的大脑，这道题就深深地在大脑里扎了根——记住了。吼完，"吼哥"进入"闭功状态"，"狮吼"传播的知识又迅速回到他那满是知识的啤酒肚里，变回了不会"狮吼"的陈老师。

"吼哥"还有牛一样的固执。学校机器人社团新招生，"吼哥"也要去见识见识。一次，我们发现一台机器人居然"解体"了，好奇的我们打开监控，原来是新招生时，"吼哥"上来三下五除二就拆掉了，让我们哭笑不得。"吼哥"就是这样，有着牛一样的学习和求知精神，"不会的就一定要弄懂。"这是"吼哥"时常告诫我们的话。

除了每天勤奋工作外，"吼哥"还是我们的贴心"胖棉袄"。凌晨一二点，依然兢兢业业坚守在岗位上。还时常在班级群里发一点儿对我们有益的"心灵鸡汤"。每当家长们询问"吼哥"孩子教育的问题和方法，"吼哥"总是耐心回答。班级出现问题，"吼哥"又拿出他那股牛劲儿来，对我们严格要求，学会自己改正错误。

这就是我们可爱的"吼哥"——陈老师。

特殊的礼物

周　涛

在"二胎"政策出台后的第二个星期，我收到了一份特殊的礼物……

自打这"二胎"政策出台以后啊，我的心就一直忐忑不安。你想想，独当家里的老大，有好吃的，好玩的全归自己，也不用担心自己的什么东西会被别人抢走，独享家里所有的福。最最重要的是，拥有爸妈所有的爱，那是多好、多美妙的事啊！可是，要是家里有了个弟弟或妹妹，那"朕"的地位，"朕"江山，"朕"的特权不就全都化为乌有了吗？听那些有弟妹的同学们说，家中有了老二后，连吃个饭都不得安宁，又有同学说："家中有二胎，特权全拜拜！"时不时还传来某某同学用了多年的iPad被老二摔成两半的消息……在这以后，我一直是食不香，寝不安啊！连做个梦，都是梦中的老二抢了我珍藏的弹珠……

更令我心急如焚的是，种种迹象表明，老爸老妈也在谋划"二胎"这事，而且还有意瞒着我搞"地下工作"。每次我先吃完饭，离开饭桌，走进书房做作业时，就能听见外面两个刻意压低的声音在谈论着什么。唉！烦，烦，烦！缘愁似个长！剪不断，理还乱！那些日子里，我常常带着一腔的愁绪一次又一次地猜测想象。

那是一个星期六的早上，熟睡的我，忽然感觉脸上湿答答的。极不情愿的我睁开了眼，却看见一双圆溜溜的眼睛在盯着我。妈呀！该不会是梦中的弟弟真的爬出来了吧！！再一看，呵！原来是一只褐色的小狗！脚边的被子动了动，又露出了一个小尾巴，哦！还是两只！

我正惊讶这两只不知何处而来的小家伙时，爸爸妈妈推门走了进来。妈妈皱着眉头，严肃地坐下对我说："孩子，有件事我们要对你坦白。我知道，你们班有很多同学都有自己的弟弟妹妹，但是我们家由于种种原因，你爸和我不能为你添个伴……"

啊！霎时我惊讶得说不出话来，没想到"幸福"来得这么突然！一旁的老爸以为我难过呢，忙说："昨天我和你妈妈专门为你挑选了他俩，算是给你找两个伴儿！"我低头看了看，两只小狗正仰着头，用它们那水汪汪的眼睛盯着我呢！我再也忍不住，笑了，一把抱住爸妈说："你们怎么就觉得我想要弟弟妹妹呢！……"

这份特殊的礼物真是太合我意啦！

我的偶像——冰心

陈舒烽

我的梦想就是超越我的偶像，而我的偶像是我家乡的骄傲——冰心奶奶。

冰心奶奶原名谢婉莹，福建长乐人。她是一位伟大的作家、诗人。冰心奶奶是我的偶像，她的《繁星》《春水》甚至其他文章，我都想去尝试阅读，我会有很大的收获的。我曾希望变得像她一样，用一生来写作。

我期盼着可以让笔尖在作文纸上尽情舞动，勾勒出一个个极其吸引读者的世界。我不仅崇拜冰心奶奶，也喜欢郭敬明写的《小时代》、杨红樱写的《淘气包马小跳》……我想像冰心或其他作家一样：写出一篇篇扣人心弦的文章，让读者为勇敢的主人公鼓掌；为可怜的人物泪流满面；为调皮可爱的小主人捧腹大笑，为打败邪恶的英雄人物高兴得手舞足蹈……

我也想像冰心奶奶一样，把细小的爱放大。写一对湖边的父女；写一写田地里的农夫；写下整个世界，除此之外，我还要写一写童话、散文、小说以及其他文章。

记得小学曾想如何"用笔尖作战"，那时的我很天真，以为只要有文采就行了。现如今读到冰心奶奶的《荷叶·母亲》，我才明白：

写作不单是好词好句的习惯积累，还要感悟与体会。冰心奶奶的文章大多关于"爱"，由此可见我并不懂得观察世界、感悟人生。她的作品对我来说算是学习。

冰心奶奶的作品像诗一样精粹、凝练，有的文章篇幅短小，就如《意林》中的文章差不多。却感情细腻、语言清新雅致。冰心奶奶常以儿童的角度来评论事物，这是作品好读的原因。我的偶像之所以是她，是因为她善于从日常生活中撷取细小的物象，捕捉刹那间的灵感，抒发内心的丰富感情，蕴含着深深的哲思。

冰心奶奶的写作方式我有许多可以汲取的地方，她对写作的热爱令我敬佩。

我的偶像就是她——冰心。

我的偶像——贝多芬

黄炜杰

每个人都有自己的偶像，也许是神话中的，也许是某个明星，也许是某个不起眼的人物。我的偶像是著名的音乐家，路德维希·凡·贝多芬。

贝多芬是音乐天才，他的天分很早就被他的父亲给发现了，不幸的是，贝多芬的父亲并不是一个称职的好父亲，他天天让贝多芬练琴，却从来不顾及他的心情，只是一个劲儿地催他练习，有时甚至还用暴力逼他学音乐。

贝多芬的童年是十分悲惨的，他的母亲在他十六岁时就去世了，他的父亲变成了挥霍的酒鬼，这些不幸一起压到贝多芬的头上，在他的心中刻下了一道道深深的伤痕，也因此导致他的脾气变得暴躁而古怪。

但是贝多芬并没有因此而沉沦，他把自己的精力都投入到音乐当中了，由于他的天分和勤奋，他先后创造出了许多作品，渐渐崭露头角。可惜，不幸的事情发生了，他的听力开始下降，然后消失，先后得了肺病、关节炎、结膜炎等疾病。面对着这些威胁，贝多芬并没有屈服，而是顽强地与命运斗争。即使面对再大的困难，贝多芬也从未放弃音乐。他用巨大的勇气和毅力战胜了一个又一个几乎判他死刑的困难，相继创作出许多部不朽的乐章。

贝多芬面对挫折不屈不挠，坚决不对命运妥协的精神是很值得我们学习的。他这伟大不屈的灵魂让黑暗的世界有了光芒，让生活有了希望。

我们要学习贝多芬的这种精神，在遇到挫折时，不要怨天尤人，而是要积极地想办法战胜痛苦和磨难，这样我们才能离成功更进一步。

我的偶像——玛丽·居里

倪鑫浩

我的偶像是一名持之以恒、淡泊名利的科学家。她的名字是——

玛丽·居里。

玛丽·居里一生当中获得的奖项、荣誉多得犹如天上的繁星一般，数不胜数。据统计，她一生中共获得了十项奖金、十六种奖章、一百零七个名誉头衔。

为什么她会获得如此多的奖项呢？因为她发现了两种对人类有巨大帮助的元素：钋和镭。按理说，她发现了这两种元素，应该是大富翁了吧。但是结果恰恰相反，她还是在那个简陋的实验室中工作。为什么会这样呢？这是因为她将她的奖章送给六岁的小女儿当玩具，还把奖金捐赠给了科研事业和战争中的法国。这就是我崇拜并要学习她的特点之一：淡泊名利。

跟她一比，我就自惭形秽了。在日常的学习生活中，我每取得一点儿小小的荣誉，获得一点儿微不足道的成就，尾巴就翘上天了，在每个人的面前都炫耀一遍，巴不得全世界都知道一样。居里夫人教会我要宁静才能致远。

居里夫人对待工作持之以恒的态度，体现在她发现镭这件事上。

居里夫人花了三年的时间去发现镭，她提炼了一锅又一锅的提取物。她从一个年轻漂亮的小姑娘，变成了一个坚毅端庄的女学者。经过不懈地努力，她终于提炼出了纯净的镭。

跟她一比，我无地自容。面对学习上的难题，我没办法花时间去不断地研究这道题，而是在一旁不断地埋怨叫苦。长此以往，难题就累计得越来越多。而居里夫人教会了我要坚持。

居里夫人一生都致力于科学研究，埋头工作到六十七岁离开人世，离开她心爱的工作和实验室。著名科学家爱因斯坦给予了居里夫人高度的评价："在所有的世界著名人物中，玛丽·居里是唯一没有被盛名宠坏的人。"

我要在今后的生活中学习居里夫人的精神，改进自己的不足，努力成为一个更好的自己！

我的偶像——诗仙李白

颜宏斌

我的偶像，是我国的伟大诗人——诗仙李白。

我十分喜爱他的诗歌。就拿《峨眉山月歌》来说，短短几十字，却写出了诗人即将离开故乡外出闯荡，内心的憧憬和喜悦，却又笔锋一转，又写出了去三峡的路上，离友人愈来愈远，就愈来愈思念，再加上连用的地名，又有了空间转换之感，既表达了诗人江行的独特体验，又抒发了对友人的思念之情。

我也十分喜爱他的性格。饮酒作诗，对月当歌，潇潇洒洒地游山玩水，他那般自由自在的生活十分令我向往。一轮皓月当空，一挥笔，就下了一首《古朗月行》。坐在窗前，思念着自己远离的故乡，又写下一首《静夜思》。望着友人汪伦远去，伴着思念之情，创作了流传千古的《赠汪伦》……这样自由的生活，令我无限向往，却因为时代不同，只能在脑海中想象着那美好生活。

李白还有一位朋友——杜甫，"李杜"一直流传至今，与他一起饮酒作诗，也令我无比羡慕，我要是有一位知心朋友，岂不是美哉？

不仅如此，李白对我的影响也很大，读着李白的一首首诗歌，就像在欣赏电影一样，一幕幕在我脑海中放映"李白能写诗，我也能！"每次读到此时我都会低声说，因此，语文对我来说成了一门十

159

分重要的学科，只有学好了它，我才能写出像李白一样的诗，成为像他一样的诗人，流芳百世，他的诗歌到现在还令人叹为观止。所以，我十分努力去学习创作诗歌的方法，广泛阅读，但我始终相信，只要我努力，终于有一天，我可以成为像李白一样伟大的诗人！

"黄河之水天上来，奔流到海不复回。""举头望明月，低头思故乡"。"桃花潭水深千尺，不及汪伦送我情"……李白的诗歌，有澎湃激情，有寂静冷情，有思念，也有期盼……李白，你将是我永远的偶像……

我 的 梦 想

陈 烩

我的梦想，是长大以后做一位建筑设计师。

我的舅舅是一名建筑设计师。在他的耳濡目染下，我对建筑有了一些了解。我家搬新房时，舅舅帮忙去设计。看着舅舅和他的同事们兴致勃勃地讨论着，我如痴如醉，对建筑设计师这个职业萌生了几分敬意。但是，我初有这个梦想，是在去上海的旅程中。父母带着我，登上高高的东方明珠塔顶，向周围望去，鳞次栉比的摩天大楼在黄浦江畔奇迹般地崛起；向下看，陆家嘴灯红酒绿的大都市风光一览无余。我感受到了建筑的神奇，定下了我的未来目标——做一名建筑师。

有一次，我偶然接触到一本书，书名是《建筑奇迹》。这本书按世界各大洲分为六章，讲解了许多建筑奇观——其中有国家政府所在地：美国白宫、德国国会大厦，有白领们工作的地点：环球金融中心、广州西塔，有供人们休闲娱乐的高档酒店：迪拜帆船酒店、瑞典冰酒店，还有人们出行离不开的交通要塞：杭州湾大桥、英法海底隧道……书上详细介绍了许多建筑，如：亚太交通枢纽——香港国际机场，世界第二高楼——上海中心等。从这本书里，我再次领略到了建筑的奇妙。

最近，我从电视上看到一个节目，是《超级工程》。从这个节目中，我进一步了解了建筑知识，并知道了福斯特等建筑名家，看到他们设计的楼房拔地而起，我心生敬仰，更加坚定了自己的梦想。

为了这个梦想，我已经做过许多准备了。电视机上、书柜里，摆满了纸质建筑模型，写字台的抽屉中放着一大沓设计图纸和《建筑的意境》参考书。我准备开始学习素描，相信终究有一天，我会如愿以偿。

我 的 梦 想

洪 帆

说起我的梦，就像银河系里的繁星。有时，梦见自己考上大学，在知识的殿堂里吮吸营养；有时，梦见自己成了一名将军，在战场上指挥着千军万马；有时，梦见自己身穿宇航服，坐在飞船里、遨游太空……随着时间的流逝，许多神奇的、美妙的梦已经模模糊糊了，唯有这一个梦，却遇见清晰。那就是被称为人类灵魂工程师的教师梦。

也有人会不屑："当老师有什么好的，工资不高，工作又辛苦，责任重大"，"家有五谷粮，不当孩子王"嘛。但是你们有没有想过，如果没有老师教给我们知识，那我们岂不是很愚昧？正因为有老师传播知识，人类才越来越文明，科学才越来越发达；也正是因为老师赐给我们一排扁舟，我们才能在知识的海洋里遨游。

当我背起书包，初次走进学校时，那颗幼小的心脏好想要从身体里跳出来。我无助地牵着妈妈的衣角，生怕妈妈离开。是老师，用她那宽厚的手，像妈妈似的抚摸我的头，刹那间一股暖流流向心间，渐渐地溢满了全身，驱散了我内心的紧张！我，愿做这样的老师！

每当看到我的作业上的圈圈点点，就仿佛看到彻夜透过老师房间的灯光；每当读到作文上老师谆谆的教导、那充满感情的鼓励，就仿佛看到了灯光下的老师那布满皱纹的脸，那充满疲惫的眼！我，愿做这样的老师！

"春蚕到死丝方尽，蜡炬成灰泪始干"，三尺讲台，培育了无数学生的未来，呕心沥血，方能桃李满天下！在老师汗水的激励下，我将延续你们的事业，为我们的祖国创造美好的明天！老师，快放下您手中的教案歇歇吧，让那谆谆的讲课声飘进您的梦里，那梦呀，准是又香又甜……

如果我当上了老师，首先，我会引导我的学生和书交朋友，因为高尔基说过——书是人类进步的阶梯。我要让学生尽早地去结识鲁迅、冰心、安徒生……让他们在知识的海洋中，跟小鸟、小鱼聊聊天，陪小草、小花唱唱歌，到太空、月球做做客，与李白、杜甫叙叙旧。每天，我会保证他们的课外阅读时间，教给他们正确的读书方法。每周，我要如期举行"故事会""读书心得交流会"，因为未来需要会学习的人才。

如果我当上了老师，我要把学生带到广阔的天地去。春天，带他们去游览百花盛开的公园，和春姑娘开联欢会；夏天，我会带他们去天然泳池，和夏姑娘亲密接触；秋天，我会带他们去金灿灿的田野，和秋姑娘共享丰收的喜悦；冬天，我会带他们去欣赏美丽的雪景，和冬姑娘一起拥抱银装素裹的大地。因为大自然是学习的源头。

如果我当上了老师，我不仅要做他们的良师，还要做他们的益友。我准备投入我全部的热情，每天以一张笑脸面对我的学生。我不想戴着"老师"这层严肃的面纱，站在高处俯视我的学生，因为我和他们是平等的。我愿和他们分享喜悦，我也会聆听他们心中的秘密。我希望，我和我的学生，都是透明人。因为互相信任，才能更好地交往。

我知道，要当一名老师，必须要有真才实学。"千里之行，始于足下。"所以，我一直努力博览群书，练习书法，向着我的理想一步步迈近。不久的将来，你们会看到一个新时代的洪老师的。老师、同学们，请为我加油吧！

163

如何在茫茫人海中找到我

林　蕾

在辽阔无垠的宇宙中，银河系只是一个并不算大的星系；在银河系中，地球只能算一个半大不小的星球；而在地球上人类又只是它的一种数量庞大的生物种类；我，只是这个物种中的一个并不出色的成员。

　　我的身上并没有什么特别出众的东西，如果硬要说是有的话，那就是我这身黑里透红的肤色了。在茫茫人海中，想要找到我其实很简单，你只要看到哪个人肤色最黑，且看上去时而高冷，时而抽风，状似"疯癫"，那么，恭喜你，你已经找到了我。

　　如果你想要在茫茫人海中找到我，那么请留心观察，观察你身边往来的人中是否有人"左手一只鸡，右手一奶茶，包里还弥漫着混着各种街头小吃的香味"，若有，那千万要追上，因为那人十有八九是我。

　　如果你想在茫茫人海中找到我，那么，最好是哪里热闹往哪儿钻，因为中国人爱热闹的这一特点在我身上完美地诠释了出来。

　　如果你想在茫茫人海中找到我，那么，你要竖起你的耳朵，仔细听听周围有没有一阵银铃似的笑声——听过我笑的人总说我有一个魔性的笑声。

　　如果你想在茫茫人海中找到我，请眼观六路，耳听八方。如果你找到的人符合上述条件，那么，老铁，奔跑吧。因为那人百分之二百就是本尊。

164

认　识　我

王　烨

　　当你走进我们班，坐在最后一个座位上的一个女生——她个头很高，爱讲话，那就是我。

我，天生一副假小子的样，没错，我虽是长发，却没点儿女孩子的样，尽管妈妈帮我买了无数条美丽的公主裙，可调皮的我一点儿也不喜欢。我成天穿着一件蓝色外衣，宽松长裤，在球场上自由地奔跑着，我就觉得这样很好。

　　既然要认识我就得知道我长什么样。我自我感觉良好，先说我的眉毛吧，我的眉毛很奇怪，开始觉得很黑很浓密但到后面就断了。我的眼睛中等大小，一单一双的眼皮。嘴巴小小的，但吃起东西来毫不逊色。鼻子一条弧线不是很挺，但还可以正常呼吸，哈哈，开个玩笑。我有个缺点，就是脸上的痣不计其数，这些小黑点在我白嫩的脸上，看着有点儿小难受。这就是我帅气的脸庞。

　　再给你唠点儿我的性格吧。我的性格就两个字：开朗，我可以开朗到你说我不好我也会笑着对你，当成你夸我，并且整天都是一张笑脸，不轻易哭。乐观，就像别人说的"微笑面对一切"，哈哈！整个教室几乎都是我的笑声。这就是我，被别人称为"疯婆子"的一个女孩儿。

　　我这个人吧，没有什么好的，但有一点还是不错的——爱帮忙。不管是谁只要需要，我都会去搭把手，可不是帮倒忙哦，我爱帮忙到连自己很讨厌的人有了需要也会去帮。缺点，就是马虎我可以把100抄成10，把"为"写成"办"，所以老妈叫我"小马虎"。我会努力把马虎赶走的。

　　这就是我，颜色不一样的烟火！